Toni Lauerer

Älter werden is (ko)a Gaudi

TONI LAUERER

Älter werden is ~~koa~~ Gaudi

Geschichten vom ewigen Kindskopf

BUCHVERLAG

Bibliografische Information der Deutschen Nationalbibliothek

Die Deutsche Nationalbibliothek verzeichnet diese Publikation in der Deutschen Nationalbibliografie; detaillierte bibliografische Daten sind im Internet über http://dnb.dnb.de abrufbar.
ISBN 978-3-95587-430-8

Für uns, die Battenberg Bayerland Verlag GmbH mit all ihren Imprint-Verlagen, ist Nachhaltigkeit ein wichtiger Teil unserer Unternehmensphilosophie. Daher achten wir bei allen unseren Produkten auf den Einsatz umweltschonender Ressourcen und Materialien.
Dieses Buch wurde auf FSC®-zertifiziertem Papier gedruckt. FSC (Forest Stewardship Council®) ist eine nicht staatliche, gemeinnützige Organisation, die sich für die verantwortungsvolle und ökologische Nutzung der Wälder unserer Erde einsetzt.

Unsere Partnerdruckerei kann zudem für den gesamten Herstellungsprozess nachfolgende Zertifikate vorweisen:
– Zertifizierung für FOGRA PSO
– Zertifizierungssystem FSC®
– Leitlinien zur klimaneutralen Produktion (Carbon Footprint)
– Zertifizierung EcoVadis (die Methodik besteht aus 21 Kriterien in den Bereichen Umwelt, Einhaltung menschlicher Rechte und Ethik)
– Zertifikat zum Energieverbrauch aus 100 % erneuerbaren Quellen
– Teilnahme am Projekt „Grünes Unternehmen" zum Schutz von Naturressourcen und der menschlichen Gesundheit

Die Battenberg Bayerland Verlag GmbH und ihre Imprint-Verlage sehen das gesetzliche Urheberrecht als Basis ihrer Zusammenarbeit mit Autorinnen und Autoren. Vielen Dank, dass Sie eine legale Ausgabe dieses Buches gekauft haben und die Gesetze zum Schutz des geistigen Eigentums anerkennen, indem Sie keinen Teil davon ohne Genehmigung unzulässig kopieren, scannen oder verbreiten. So unterstützen Sie unsere Autorinnen und Autoren und wir als Verlag haben die Möglichkeit, weiterhin Bücher für alle zu veröffentlichen. Systeme und Technologien der künstlichen Intelligenz dürfen Bestandteile des Buches in keinster Weise verwenden oder reproduzieren, auch nicht für Trainingszwecke. In Übereinstimmung mit *Artikel 4(3) der Richtlinie über den digitalen Binnenmarkt 2019/790* nimmt die Battenberg Bayerland Verlag GmbH dieses Werk ausdrücklich von der Ausnahme für Text- und Data-Mining aus. *NO TDM.*

Titelabbildung: Christian Greller

2. Auflage 2025
ISBN 978-3-95587-430-8
Alle Rechte vorbehalten!
© 2025 MZ Buchverlag in der
Battenberg Bayerland Verlag GmbH · Pfälzer Straße 11 · 93128 Regenstauf
www.battenberg-bayerland.de
Fragen zum Buch? Direkt an produkt@battenberg-bayerland.de

Inhalt

Vorwort	7
Wanderung auf den Arber	9
Wachsmonat Mai	19
Erwin wehrt sich	19
Der letzte König	22
Frühlingsspaziergang	23
Gewitterfront	23
Traumehe	24
Radlsaison eröffnet	24
Peinlicher Vorfahre	25
Im Augenarztwartezimmer	26
Bloß bläd	27
A Frau wird 60	28
A Mo wird 60	29
3 Männer – 1 Problem	31
Die Sterne lügen nicht	38
Kreativer Enkel	39
Böse Welt	40
Damenrunde	41
Armer Junikäfer?	48
Rap in Pfunzenkofen	50
Zahnzuzahlung	59
Wie lange hast du noch?	66
Mein schönstes Ferienerlebnis	69
Mit mir nicht	75
Eigentlich wars aso	81
Keine Kultur	88
Ende des Regenbogens	90
Duselbauer	91
Augen auf bei der Hemdenwahl	92
Kränkliche Verwandtschaft	92
Do waar bestimmt wos ganga	94

Im Berggasthaus.	102
Musikalische Nachtwanderung	106
Der ausländische Oberpfälzer	109
Gepriesen sei der Influencer	111
Im Horrorwirtshaus	113
Freibad (1)	115
Freibad (2)	115
Wer is dran?	116
Wer ist Frimper?	119
Fridolin ist nicht Fridolin	123
Fit wie ein Turnschuh	126
Noble Geste	133
Lieblingsmotto.	133
Wieder was gelernt	135
Arme Beduinen	136
Falsches Timing	136
Der Tüpferlscheisser.	137
17 Uhr 28.	138
Der erste Kuss.	143
Die Stunde des Horrors	145
Im Geisterhaus.	151
Dürftige Belohnung.	158

Vorwort

*Liebe Leser und Leserinnen,
liebe Kinder und Kinderinnen,
liebe Kindsköpfe und Kindische,
liebe Junge und Junggebliebene,
liebe bisher noch nicht Erwähnte,*

kennen Sie folgende Situation?
Man sitzt irgendwo unter jungen Leuten, man fühlt sich auch als junges Leut und hat sein tatsächliches Alter vollkommen vergessen und beteiligt sich cool und souverän an einer hippen Unterhaltung.
Dann stehen die jungen Leute geschmeidig und flott auf, man selber steht auch auf, doch es fehlt an der Geschmeidigkeit und der Flottheit und das Kreuz schmerzt erbärmlich.
Aber man reißt sich zusammen, man verabschiedet sich mit einem „Ciao, ihr Lieben!" und schafft es sogar noch, ein Lächeln aufzusetzen. Erst später, allein im Auto, weint man leise vor lauter Kreizweh. Man öffnet den oberen Knopf der ohnehin zu engen Hose, weil es einen nach zwei Veggie-Burgern, die man aus Imagegründen hinuntergewürgt hat (Fleisch wäre sooo gut gewesen, aber das Tierwohl!), und drei Cola Zero fast zerreißt.
Dann fährt man heim, schaut in den Spiegel und denkt sich: „Ach du Sch..., sooo sehe ich aus? Tatsächlich so? Das darf doch nicht wahr sein! Ich war doch früher jünger!"
Traurig, gell?
Aber noch trauriger ist es, dass auch die Umwelt einen viel älter wahrnimmt, als man sich fühlt!
Wie sonst lässt es sich erklären, dass man dauernd gesiezt wird, obwohl man eine coole Rapperkappe auf dem kahlen Kopf trägt?
Wie sonst kann es passieren, dass der Urologe beim von der Ehefrau befohlenen Check etwas von einer relativ großen Prostata faselt? Das kann er alten Männern erzählen, aber doch nicht mir!
Wie sonst wird einem im Wirtshaus unverschämterweise die Senioren-/Seniorinnen-Karte vorgelegt, obwohl man ohne Sauerstoffgerät einen

1200 Meter hohen Hügel geschafft hat, mit nur sieben Erholungs- und drei Pinkelpausen?
Wie soll ein Kindskopf wie ich gegen derlei Anfeindungen der bösen Umwelt ankämpfen?
Na, wie schon: mit einem Buch natürlich! Und zwar mit DIESEM Buch!
Ich habe mich hingesetzt und für Sie, für Euch und zugegebenermaßen auch für mich aufgeschrieben, was mir und anderen „Best Agern" so alles widerfährt. Und siehe da: Es ist ein lustiges Buch geworden, ein sehr lustiges sogar! Glaube und hoffe ich wenigstens!
Na dann: Viel Spaß beim Lesen, beim Lachen und, nicht vergessen: beim Leben!

Ganz liebe und kindische Grüße
Ihr und Euer Kindskopf

Toni Lauerer

Wanderung auf den Arber

Er: Etz geh, gemma! Immer brauchst du so lang! I wär scho marschbereit!

Sie: Des is wieder typisch! Du moanst, mir könnma einfach geh! I muass no kontrolliern, ob mir alles dabei hamm, wos mir braucha! Du daadst einfach eine ins Auto und ab, du bist wia a kloans Kind! Augen zu und durch, ohne Hirn!

Er: Mir gemma am Arber, ned zum Amazonas! A kloans Kind! I bin 60 Jahr alt!

Sie: Ja eben! Und in so einem Alter muassma gewappnet sein, wenn wos is!

Er: *Empört:* In so einem Alter! I bin topfit! *Zieht den erkennbar vorhandenen Bauch ein und streckt die schwache Brust raus, muss diese Körperhaltung aber mangels Luft sehr schnell aufgeben.*

Sie: Hör auf mit de Verrenkungen, morgen duat dir wieder 's Hohlkreiz weh!

Er: *Äfft sie nach:* 's Hohlkreiz weh, 's Hohlkreiz weh! I hob koa Hohlkreiz ned! Allaweil diese Unterstellungen!

Sie: Des is koa Unterstellung! Du schaust von da Seitn aus wia a Fragezeichen!

Er: *Grantig:* Und du wia Klammer auf, Klammer zu!

Sie: Immer des Gleiche mit dir! Kaum sagtma dir d'Wahrheit, wirst unverschämt! Owa des is mir etza wurscht! Also: Blasenpflaster hamma ...

Er: Warum Blasenpflaster? Mir fehlts doch ned auf da Blase!

Sie: Ha ha ha, sehr lustig! Toller Gag! Den hob i erst 20-mal ghört! Mindestens!

Er: I find denn nach wie vor guat! Owa im Ernst: Nimm von mir aus a Blasenpflaster mit, wennst moanst, i brauch aaf jeden Fall koans! De paar Schritte auf'n Arber aufe, lächerlich!

Sie:	Aha! Lächerlich! Und wer is letzts Jahr barfuaß vom Lusen owaganga, weil er d' Wanderschuah nimmer ausghaltn hod? Mit Tränen in de Augen und Bluat in de Schuah!
Er:	Do bist du schuld! Nur du alloa!
Sie:	I??? Warum i?
Er:	Weil du de naglneia Wanderschuah kauft host! Des is doch bekannt, dass neie Schuah druckan!
Sie:	Soll i dir alte Schuah kaufa oder wos? Also wirklich, du wirst immer seltsamer! Sei froh, dass i dir wos kauf! Wenns nach dir geh daadert, du hättst 20 Jahr de gleichen Schuah an! De gleiche Hosn sowieso!
Er:	Do woaßt immer wieder wos! I bin halt a nachhaltiger Typ! Ressourcen schonen hoaßt de Devise! Owa des verstehst du ned! Und zweitens warn des koane Schmerztränen am Lusen, sondern des war vom Wind! Da Lusen is a Windloch, des is bekannt!
Sie:	*Hämisch:* Da Lusen is a Windloch! Ja genau! Deine Haxn hamm dir so weh do, drum hast gflennt! Owa des daaderst du ja nie zuagebn!
Er:	Niemals! Owa etza kimm, etza fahrma!
Sie:	Wart halt! *Schaut prüfend in den Rucksack.* Wasser hamma dabei ...
Er:	Wasser? Warum Wasser? Willst dir d'Händ waschen beim Wandern?
Sie:	Zum TRINKEN!
Er:	Ja freilich! Moanst, i sauf a Wasser, wenns am Arber oben im Wirtshaus a Bier gibt? Des kannst vergessen!
Sie:	Jedes Mal des Gleiche! Jedes Mal! Du woaßt genau, dass du schwitzt wie ein Ochs, wennst di anstrengst! Und dann bist wieder dehydriert und segst helle Punkterln vor de Augen!
Er:	Ned immer! Manchmal aa grünliche Streifen!
Sie:	*Kopfschüttelnd:* Also du bist dei Geld wert!
Er:	Eher no mehr! Sammas etza? Könnma endlich fahrn?
Sie:	Host dei Bluatdrucktablettn gnumma?

Er:	No freilich! Und a Entwässerungstablettn aa!
Sie:	Spinnst du? Akkrat heit, wo mir wandern, nimmst du a Entwässerungstablettn!
Er:	De nimm i doch IMMER am Samstag!
Sie:	Owa doch ned, wenn mir wandern! Dann hättstas halt morgen gnumma!
Er:	Owa i hob gestern beim Schafkopfa 7 alkoholfreie Weizen, 2 Spezi und an Cappuccino trunka – des muass raus! Des is a Belastung für mei Blase! Und aa fürs Herz!
Sie:	Und a Belastung für meine Nerven, wenn du andauernd bieseln muasst! An jedem dritten Baam, wia a Hund!
Er:	So schlimm is aa wieder ned! Übertreib ned allaweil! Und etz geh, dassma endlich fahrn kinna.
Sie:	*Schaut erneut prüfend in den Rucksack.* Brotzeit hamma aa dabei!
Er:	Brotzeit? Owa im Gipfelwirtshaus gibts doch eh wos zum essen! I kaafma a Schnitzel mit Pommfritz und a Weißbier, do gfrei i mi scho etza drauf! Obwohl, a Imbiss zwischendurch schad aa ned! Wie viel Wurschtsemmeln hast denn dabei? Oder sans Käsebrote?
Sie:	2 Äpfel!
Er:	Scho klar, für di! I moan ja für mi!
Sie:	Oan Apfel für di und oan Apfel für mi.
Er:	Oan Apfel??? Dann bleib i beim Schnitzel! De Äpfel kannst selber essen, alle zwoa!
Sie:	Du wirst no froh sei über den Apfel!
Er:	Pfff! I bin über vieles froh, owa ned über an Apfel! So, und etza fahrma, sunst kinnma glei dahaom bleim!
Sie:	Na guat, dann fahrma! A Wechselhemd für di hob i aa dabei, gell!
Er:	A Wechselhemd? Warum? Mei Hemd wird doch ned dreckig!
Sie:	Owa patschnass!
Er:	Moanst, dass rengt?
Sie:	Naa, renga duats ned! Owa du schwitzt doch dermaßen! Des letzte Mal hamma koa Wechselhemd dabeighabt,

	dann hätts di fast dafrorn am Gipfel oben in dem Wind! Und vierzehn Dog host Kreizweh ghabt! De Jammerei hör i mir nimmer o!
Er:	Übertreib ned allaweil! Man wird doch no amal drauf hinweisen derfa, dass a Wechselhemad nicht vonnöten ist!
Sie:	Nicht vonnöten! Red ned so gschwolln daher!
Er:	Weils wahr is! So, und etza fahrma, sonst kemma nie furt!

Man fährt ca. 30 Minuten zum Wanderparkplatz am Fuß des Arbers. Die Fahrt verläuft ohne Zwischenfälle, abgesehen von drei Pinkelpausen des Gatten, da die Entwässerungstablette ihre volle harntreibende Wirkung entfaltet. Pinkelpause 1 und 2 verlaufen noch halbwegs gesittet, der Harngetriebene kann in letzter Not einen Parkplatz ansteuern und dann in den benachbarten Wald springen. Beim dritten Mal gewinnt der spontane und kräftige Harndrang die Oberhand über die Grundregeln des Anstands, man blinkt rechts, bleibt mitten auf der Landstraße stehen und erledigt das Unvermeidliche, aber Wohltuende gleich neben dem Auto, in dem die peinlich berührte Gattin sitzt. Als der Erleichterte wieder im Auto ist, muss er deren berechtigte Kritik erdulden.

Sie:	Eines Tages wirst du no angezeigt wegen Exhibitionismus! Mitten aaf da Straß! Wenn do Leit mit Kinder vorbeifahrn! I schaam mi zu Tode mit dir! Dann trink halt ned so viel, wennstas nimmer halten kannst mit deiner Tablettn! Furchtbar is des! Nimmt der vor da Wanderung a Entwässerungstablettn! Denk halt mit!
Er:	Erstens san keine Kinder vorbeigfahrn und wenn, dann sollns wegschaun!
Sie:	Du woaßt immer wieder wos!
Er:	Scho.

Der Wanderparkplatz ist erreicht. Das Wanderpaar steigt aus und man geht schneidig nach oben. Den Rucksack trägt die Gattin, da ihr Mann dazu neigt, bei Belastung einen verschwitzten Rücken zu bekommen, welcher zu tagelangem Kreuzweh führt. Nach ca. zehn Minuten entwickelt sich folgende Unterhaltung:

Sie: Soll i den Autoschlüssel in den Rucksack einedua?
Er: Ist der ned eh scho drin?
Sie: Naa, den hostma ja ned gegeben! Gibman bitte!
Er: *Durchsucht seine Hosentaschen.* Also i hobna ned.
Sie: I aa ned, wo is er denn dann?
Er: Dann steckta!
Sie: Im Auto?
Er: Natürlich im Auto, wo denn sunst!
Sie: Des derf doch ned wahr sei! Etza lasst der den Schlüssel stecka! Des wird immer schlimmer mit dir! Gestern abend host d'Terrassentür offen lassen und heit lasst den Schlüssel stecka! *Schüttelt den Kopf.* I drah no durch mit dir!
Er: Und etza? Wos machma etza?
Sie: MIR machma gar nix, DU machst wos! Du gehst etza wieder owe und holst den Autoschlüssel und i wart derweil!
Er: Magst ned du geh? Dann daadert i aaf di wartn und kannt derweil in aller Ruhe bieseln!
Sie: Nix do! Du gehst! Strafe muss sein! Was man nicht im Kopf hat ...
Er: *Trotzig:* Jaaa, i woaß scho!

Schmollend geht der schusselige Gatte nach unten und kehrt gut 20 Minuten später keuchend und verschwitzt wieder zurück.

Sie: Und? Hast den Autoschlüssel?
Er: Äh ..., ja.
Sie: Is er gsteckt?
Er: Naa, gsteckt is er ned! Der war gar ned im Auto!
Sie: Ned im Auto? Wo war er denn?

Er:	In meiner Jackentaschn! Und i hob tragischerweise bloß in da Hosn gsuacht!
Sie:	I sogs dir, eines Tages werd i mit dir no wahnsinnig! Manchmal frag i mi, wos in dein Hirn vorgeht! Wieso host du denn den Schlüssel vorher ned glei in da Jackentaschn gsuacht? Dann hättst dir den Weg erspart!
Er:	Weil normal hob i den Schlüssel immer in da Hosentaschn!
Sie:	Normal? Normal war bei dir no nie wos! Und umso älter du wirst, umso unnormaler wirst!
Er:	Stell dir vor: Unten am Parkplatz hobi den Grundler Robert troffa! Der hod a neie Hüftn kriagt und wandert scho wieder!
Sie:	Des is mir ehrlich gsagt wurscht, weil i den gar ned kenn!
Er:	Owa i! I hob glei spontan an Gag gmacht und hob gsagt: „Wos? Du wanderst scho wieder? Dann hamms dir wahrscheinlich koa Hüfte, sondern a Wanderniere eigsetzt!" Verstehst? Wandern – Wanderniere! Des is a Wortspiel!
Sie:	Um Gottes willen, du wirst von Tag zu Tag kindischer! Wo soll des no hiführn!
Er:	Schimpf ned allaweil! I hob gestern im Wartezimmer vom Zahnarzt glesn, dass Frauen auf Männer stehen, die sich ihren jugendlichen Elan erhalten, auch im Alter!
Sie:	Des hod mit jugendlichem Elan nix zum dua, wenn oaner von da Hüfte aaf a Wanderniere kimmt! Des is ned jugendlich, des is schräg! Jugendlicher Elan, des waar, wenn oaner sportlich bleibt und fit! Und ned den ganzen Dog jammert, weil eam sei Kreiz weh duat! Des waar jugendlicher Elan!
Er:	*Leicht verlegen:* Apropos, daaderst du mir bitte des Wechselhemd geben? I bin total durchgschwitzt von dem Owe- und Aufferenna wega dem blädn Schlüssel! Sonst hobi moang Kreizweh, woaßt!

Sie:	Etza scho? Mit san ja no gar ned richtig losganga! Des Wechselhemd is fürn Gipfel gedacht, ned fürn Abmarsch! Des derf doch ned wahr sei! Waarst ned so grennt, dann daadst ned so schwitzen!
Er:	Wenn i langsam ganga waar, dann hättst du wieder mitm Handy ogruafa, wo i bleib und ob mir wos passiert is, weil i so lang ned kimm! Weil du moanst ja immer glei, dass wos passiert is!
Sie:	Bei dir konnmas nie wissen!
Er:	Etz gib mir des Hemad, dassma endlich geh kinna!
Sie:	Do, dann ziags o in Gottes Namen! Dann hamma halt für oben koans mehr.

Sie gibt ihm missmutig das Hemd, er wechselt seine Oberbekleidung vor zahlreichen Wanderpassanten. Mit den Eltern wandernde Kinder blicken ihn und vor allem seinen imposanten Bauch beeindruckt, teilweise verstört an. Man hört ein kleines Mädchen im Vorbeigehen seine Mutter fragen: „Mama, kriegt der Mann ein Baby?" Die Mutter antwortet: „Nö, Chantalle, der ist nur fett!"

Er:	Ordinärs Gschwerl! I und fett! *Ruft Chantalles Mutter erzürnt nach:* Schau di o, du Horn, du bläds! An Orsch wia a Brauereiross und a Frisur wia a Pavian! Owa d'Goschn aafreißn, wenn a normaler Mensch a Bäucherl hod! Matz, greisliche!
Sie:	Sag amal, spinnst du! Sei doch staad, de zeigt di o!
Er:	De versteht mich doch gar ned, des san doch Preißn! Und außerdem hod sie angfangt! SIE hod gsagt, i bin fett!
Sie:	Bist ja!
Er:	Owa des hod de nicht zu kommentieren! Basta!
Sie:	*Schüttelt frustriert den Kopf.* Omei, Mo, omei! Kinnma jetza endlich geh?
Er:	Natürlich! Wega mir scho lang! I biesel bloß no kurz, dann packmas!

Sie:	*Verdreht die Augen.* Scho wiiiieder! I werd ehrlich no wahnsinnig mit dir! Also dass du de Entwässerungstablette akkrat heit gnumma hast, des war a Meisterleistung! Kompliment!
Er:	*Grinsend:* Dankschön! *Will seinen Hosenstall öffnen.*
Sie:	*Geschockt:* Spinnst du? Sofort gehst du dort in des Gebüsch eine! Aber sofort! Du kannst doch ned do mitten am Wanderweg herbieseln! Des gibts doch ned! Hast denn du überhaupt koan normalen menschlichen Anstand? Ab ins Gebüsch!
Er:	*Schmollend:* Na guat, dann biesle halt inkognito! Kimm glei! Wart fei!

Er geht ins nahe Gebüsch. Die Gattin wartet geduldig und schüttelt immer noch den Kopf über das infantile Verhalten des Ehemannes. Plötzlich hört man seine Stimme, die die unfeinen Worte „Ach du Scheeeiiiissse!" schreit. Mit geöffnetem Hosenstall kommt er rennend aus dem Gebüsch, stolpert über eine Baumwurzel, fällt hin und liegt flach auf dem Schotterweg. Es ist plötzlich gespenstisch ruhig. Die Gattin vermutet wie immer den „Worst Case" und damit die Bewusstlosigkeit des Daliegenden.

Sie:	*Angstvoll:* Heinz? Heeiinz!
Er:	Geh leck mi doch alles am …
Sie:	Gott sei Dank, du lebst! Kannst aufsteh?
Er:	I probiers! *Rappelt sich mühsam hoch und steht verstaubt und mit blutender Stirn vor ihr.*
Sie:	*Geschockt:* Mach dei Hosentürl zua! Sofort! Man segt dein … Ding! Um Gottes willen, is des peinlich! A Loch wenn do waar, i daad mi drin verkriechen, i schwörs dir! Is des peinlich!
Er:	*Während er vorsichtig den Reißverschluss der Hose zuzieht, um nicht auch noch den Unterleib zu verletzen:* Hör mir bloß aaf mit einem Loch, hör mir bloß aaf! A Loch is nämlich schuld an dem Dilemma!

Sie:	*Während sie ihm die verstaubte Hose und das sowohl verstaubte als auch zerrissene Hemd abklopft:* A Loch? Wieso is a Loch schuld? Des war doch a Wurzel und koa Loch!
Er:	Ja, am Schluss wars a Wurzel, owa erst wars a Loch! Es war aso: I hob in dem Gebüsch gebieselt. Und do seg i aaf dem Boden a kloans Loch. Und weil i mir meinen jugendlichen Elan erhalten hob, hob i mir denkt: „Schaust amal, ob du in des Loch einetriffst!" Verstehst, i wollt wissen, ob die Zielsicherheit der Jugend no do is! Und tatsächlich – i hob voll einetroffa!
Sie:	Ja und? Des is zwar a Schmarrn, wie immer, owa wegen dem brauchst doch ned wie ein Irrer aus dem Gebüsch außarenna.
Er:	Doch! Weil dieses Loch war der Eingang zu einem Erdwespennest! Denen hod des ned passt, dass i des überschwemm! Logisch eigentlich, des daad mir aa ned passen! Dann san de Ersten außakemma. Und de hamm dermaßen aggressiv gschaut, des kannst du dir ned vorstellen! Blutrünstig direkt! Und drum bin i im Schweinsgalopp abghaut! Und bis i gschaut hob, bin i doglegn! Bläde Wurzel! Des is der Nachteil am Arber: überall Baama!
Sie:	*Schüttelt völlig frustriert den Kopf:* Es is ein Wahnsinn! Es is wirklich ein totaler Wahnsinn mit dir! I wenns etza ned selber erlebt hätt, i daads nicht glauben, dass einem Menschen sowos passiern konn! Owa sowos konn aa bloß dir passiern! Zielbieseln am Arber! Auf sowos kimmt weltweit kein Mensch, owa du! Es is wirklich unglaublich! Duat dir wos weh?
Er:	Eigentlich alles! Mei Hirn ...
Sie:	Dei Stirn bluat sogar!
Er:	Aaahh, darum! Mei Kreiz duat weh und mein Haxn hob i mir aa verknackst, also am Knöcherl, do brennts aso. Ich vermute in Richtung Bänderdehnung! Also auffegeh konn i nimmer! Fahrma liaber wieder hoam, oder?
Sie:	Ja freilich, hilft ja nix!

Er:	Muasst owa du fahrn! I kann schlecht kuppeln wega mein Knöcherl.
Sie:	Scho klar. Des war also unser Wanderung auf den Arber! Herzlichen Dank!
Er:	Ja mei, i konn aa nix dafür! De Wespen san schuld! Miassn de Deppen unbedingt do a Nest hibaun, wo i biesel! Blöde Viecher!
Sie:	Ja genau, die Wespen san schuld! Hauptsach, ned du!
Er:	Genau! So, etz gema owe zum Auto! Owa gell, langsam! Du muasst mi a bissl stützen, weil des Knöcherl duat echt weh!

Man geht bzw. humpelt zurück zum Auto. Jammernd und mit schmerzverzerrter Miene steigt er ein. Die Rückfahrt verläuft relativ ruhig. Sie wird nur zweimal kurz unterbrochen und zwar zweimal durch eine Frage des verletzten Gatten. Die erste Frage lautet: „Äh, daaderst du mir bitte an Apfel geben?" Die zweite lautet: „Daaderst du bitte kurz stehbleiben, weil i miassert dringend bieseln?" In beiden Fällen lautet die nicht liebevoll vorgetragene Antwort: „Nein!"

Wachsmonat Mai

Kare: Da Mai is fei scho oaner von de schönsten Monate!
Sepp: Der ghört zum schönsten Zwölftel vom ganzen Johr!
Kare: Wos?
Sepp: Er is der schönste Monat überhaupt! I sog allaweil: „Kaam is der April vorbei, folgt der schöne Monat Mai!"
Kare: Sehr originell! Und durch des warme Renga is ja heier wieder a richtiges Wachsweda! Wia es sich ghört im Mai: Da Rasen wachst, de Blumen im Gartn wachsen, de Blattl an de Baama wachsen, alles wachst! Gott sei Dank!
Sepp: Owa aa leider!
Kare: Warum leider?
Sepp: Am 30. April war Maibaamaufstellung mit anschließender Brotzeit! Am 10. Mai war unser Maiwanderung mit vorheriger und anschließender Brotzeit und vorgestern war Vatertag mit grob gschätzt acht Weizen und mehrfacher Brotzeit. Es wachst ned bloß d'Natur im Mai, sondern aa d'Wampn!

Erwin wehrt sich

Kare: D'Zeit vergeht!
Sepp: Dauernd!
Kare: Des is des! Mir wern ned jünger.
Sepp: Eher älter.
Kare: Mir is des wurscht! Bremsen konnes ja eh ned, weil des is zwangsläufig: A Dog is a Dog, a Woch is a Woch, a Monat is a Monat und a Johr is a Johr! Zwangsläufig und gnadenlos!
Sepp: Ja eben! Mir persönlich is des aa wurscht. I sogs allaweil in Gedichtform: „Bis dass du schaust is morgen heit – schuld dran is die bläde Zeit!" Hab i persönlich erfunden, des Gedicht!

Kare:	Ein wahres Wort! Wia gsagt, mir is des wurscht, des geht mir am Dings vorbei! Owa woaßt, wer a Riesenproblem hod mit dem Älterwerden?
Sepp:	Wer?
Kare:	Da Gruber Erwin!
Sepp:	Da Erwin? Ehrlich?
Kare:	Wennes dir sog! Den derfst fei du ned fragen, wia lang dass er no hod bis zur Rente! Do wird der voll aggressiv!
Sepp:	Da Erwin? Ehrlich?
Kare:	Voll! Voriges Mal hod da Schorsch gfragt, unser Wirt: „Und Erwin, olte Wurschthaut? Wia lang hast nacha du no bis zur Rente? Weil lang konns ja nimmer sei!" Mei liawa, des hättst du hörn solln, wia da Erwin dann ausgflippt is!
Sepp:	Da Erwin? Ehrlich?
Kare:	Total! Komplett! „Zefix Schorsch", hod er gsagt, „schau i so olt aus oder wos? Jeder Arsch fragt mi in letzter Zeit, wia lang dass i no hob bis zur Rente! Des verbitte ich mir und des geht keinen Menschen wos o! Schorsch, i sogs dir im Guadn: Wenn du mi noch einmal fragst, dann geh i dir nimmer eina! I geh in a Wirtshaus, um eine Gaudi zu haben und ned, um mir andauernd mei Alter vorwerfen zu lassen! Noml aaf Hochdeitsch zum Mitschreim: Ich wünsche nicht gefragt zu werden, wann dass ich in die Rente gehe! Merkts eich des, ihr Deppen!" Gschrien hod er direkt und ganz rout war er im Gsicht!
Sepp:	Da Erwin? Ehrlich?
Kare:	Sog halt ned immer „Da Erwin? Ehrlich?"
Sepp:	I moan ja bloß wega dem routn Gsicht! Weil in der Regel neigt da Erwin eher zu an kaasigen Teint.
Kare:	Des stimmt allerdings! Owa an Teint hod da Erwin ned, eher a Haut! Owa oans is klar: Er hod psychisch a Problem mit der Alterung, aa vom Hirn her! Und mental aa!
Sepp:	Da Erwin? Ehrlich?

Kare:	Etza hostas scho wieder gsagt!
Sepp:	Ja mei!
Kare:	Es is aa äußerlich peinlich mit eam.
Sepp:	Äußerlich?
Kare:	Ja! Er hod seit Neuestem aso a Kappl aaf, aso an Rapperdeckl.
Sepp:	Da Erw… äh sorry, etza hättes fast scho wieder gsagt.
Kare:	Und des Kappl hod er verkehrt rum aaf, so dass hinten vorn is und vorn hinten. Und do steht dann hinten om: „Forever a boi", also a Kindskopf lebenslänglich praktisch. Boi is falsch gschriem, wahrscheinlich war de Kappn im Angebot.
Sepp:	Brutal!
Kare:	Gell! Und es geht weida: Vor vier Wochen hod er sich a Mountainbike kafft! 3999 Euro! Er! An sein Geburtstag kimmt eam ned amal a Mass Bier aus am Stammtisch, owa do spielt Geld keine Rolle! 3999 Euro, a routs Mountainbike, in Worten: Bergrad rot! Stell dir des vor! Bloß dass cool ausschaut! Wenn des ned psychisch is, dann woaß i nimmer!
Sepp:	Einbandfrei!
Kare:	Wand!
Sepp:	Wos Wand?
Kare:	EinWANDfrei hoaßt des! Du sagst allaweil einBANDfrei!
Sepp:	Lass dir ned allaweil die Mittlere Reife außahänga!
Kare:	I sog bloß. A Mountainbike! In seinem Alter! Rout!
Sepp:	Brutal! Der is so schlecht und kafft sich no aso an E-Scooter, mit dem in letzter Zeit jeder Depp rumkurvt in da Stod.
Kare:	Genau! Owa des Schlimmste kimmt erst!
Sepp:	Ehrlich? Wird des no schlimmer? Schlimmer wia a Rapperdeckl und a Mountainbike?
Kare:	Schlimmer! Vorgestern war i bei eam dahoam aaf a Feierabendhalbe. Sitzma in sein Zimmer und ratschma a wenig. Seg i sei PC-Tastatur vor mir und denk mir: Also

	irgendwie is de komisch von da Optik her, vom Ausschaun quasi. Irgendwie fehlt do wos.
Sepp:	Oläck! Wars fehlerhaft? Scho wieder Ausschussware wia des Boi-Kappl oder wos? Hamm Buchstaben gfehlt?
Kare:	Des ned, owa trotzdem. I hob zu eam gsagt: „Erwin, aaf deiner Tastatur, do fehlt doch wos, irgendwie. Von der Optik her!" Und etza halt di fest! Dann sagt er: „Jawoll, do, aaf der Taste, do steht normal wos drauf. Owa des hob i mit schwarzem Filzstift überschriem, weil mi des dodal gnervt hod, psychisch! Do is draufgstandn: ‚Alt Gr'! Und weil i doch Gruber hoaß, hob i sofort gmoant, dass des ‚Alter Gruber' hoaßn kannt. Und des konn i ned seng, des belastet mich seelisch! Drum hob i des überschriem, dasses nimmer seg!" Aso a verdrahte Psyche hod da Erwin!
Sepp:	Da Erwin? Ehrlich?
Kare:	Etz hostas scho wieder gsagt!

Der letzte König

Kare:	Es is mir direkt a weng peinlich, owa woaßt wos? Wenn i allerweil de Bilder seg im Fernseh und in de Illustrierten vo de Könige und de Prinzessinnen in England oder in Schweden oder aa in Holland, dann denk i mir: Schee waars fei scho, wennma in Bayern aa an König hätten! Also schee waars scho, oder?
Sepp:	Do host du ned unrecht! Schee waars scho. Es is alles so unromantisch worden und so banal, direkt unköniglich! Do wenn i an unseren letzten bayerischen König denk ..., ach, schee waars scho, wenn er wieder do waar, da Ludwig!
Kare:	Ludwig? Warum Ludwig? Da Strauß hod doch Franz Josef ghoaßn!

Frühlingsspaziergang

Kare: Sepp, etza schau dir diesen herrlichen Baam o! Schau dir diese Blütenpracht o! Is des ned ein Wahnsinn? So wos Scheens! Du, do schauma Ende Juni noml vorbei!
Sepp: Ja warum? Dann sans ja weg, de Blüten!
Kare: Des scho, owa dann san dafür tausende wunderbare Kirschen dran!
Sepp: Des glaubi eher ned.
Kare: Ned? Moanst, dass de Eisheiligen so brutal wern?
Sepp: Naa, des ned.
Kare: Warum solln dann koane Kirschen dran sei?
Sepp: Weil des a Birnbaam is!

Gewitterfront

Sepp: Mi host ghaut, war des a Gewitterfront gestern, ha? Des war a Gewitterfront, wo man sagt: „Jawoll, des is a Gewitterfront!" Des hod blitzt und gscheppert und gschüttet, dass a Pracht war! Aso a Weda war scho lang nimmer!
Kare: Ja, hod ganz schee gfetzt gestern. Und stell dir vor: Grad wia de Front durchzogen is, war i mitm Auto unterwegs.
Sepp: Oläck! Und? Nix passiert?
Kare: Fast nix!
Sepp: Fast nix? Warum fast? War Aquaplaning und hods di gschleidert oder wos?
Kare: Naa, des ned. Owa zwischen Straubing und Cham hods fünfmal gscheit blitzt, viermal kostenlos, des war da Petrus, und einmal kostenpflichtig, des war d'Polizei!

Traumehe

Reporter: Liebe Frau Hubinger, lieber Herr Hubinger! 60 Jahre glücklich verheiratet! Meinen Glückwunsch! In der heutigen Zeit ist das nicht alltäglich. Können Sie uns ein Rezept verraten für eine so lange harmonische Ehe?
Frau H.: No freilich! Wissens, man muass bloß wissen: Männer wollen alle Dog gelobt werden, dann sans glücklich und zufrieden! Drum hob i alle Dog zu mein Alis gsagt: „Alis, i hob den besten Mo aaf da ganzen Welt!" Alle Dog hob i eam des gsagt und i sogs eam heit no und dann gfreit er sich.
Reporter: Wunderbar! Und Sie, Herr Hubinger, hamm Sie aa a Rezept?
Herr H.: Eh klar! Man muass wissen: Frauen wollen immer recht haben, immer! Und drum hob i zu ihr immer, wenn sie gsagt hod, dass sie den besten Mann aaf da Welt hod, gsagt: „Zenz, do host du vollkommen recht!"
Frau H.: *Gütig lächelnd:* Genau! Beide hamma gelogen, owa es war immer harmonisch!

Radlsaison eröffnet

Kare: So, gestern war da erste Mai und do eröffne i traditionell die Radl-Freiluftsaison!
Sepp: Und? Warst unterwegs gestern?
Kare: No freilich!
Sepp: Hut ab! Und wie war des erste Mal heier?
Kare: Ja, wia alle Johr: Des Radl is den ganzen Winter in da Garage gstandn, nicht einen Meter gfahrn. Do fehlt natürlich jede Menge Luft!
Sepp: Des is klar. Des is völlig normal bei an Radl.
Kare: Beim Radl hod koane gfahlt, bei mir!

Peinlicher Vorfahre

Kare: Und? Gibts wos Neis?
Sepp: Mei, wennst mi aso fragst: Eigentlich ned.
Kare: Bei mir aa ned.
Sepp: Samma froh! Weil des is aa klar: Wenns nix Neis gibt, dann is aa nix Schlimms passiert.
Kare: Do host du recht.
Sepp: A weng wos Neis woaß i: Mei Nachbar ...
Kare: Da Meiler Anderl?
Sepp: Naa, da linke, da Rupper Rudi.
Kare: Aah, da Rudi! Wos is mit eam? Is er gstorben?
Sepp: Naa, der is ned amal krank! A neis Hobby hod er, seit dass' eam sei Radl gstohln hamm, er macht jetza Ahnenforschung. Weil des is in, sagta.
Kare: Oläck! Und hod er scho anen Ahnen gfundn?
Sepp: *Lacht:* Anen Ahnen, sehr lustig! Jaja, er is scho beim Urururgroßvoda, beim Rupper Abraham!
Kare: So weit is er scho zruck, beim Abraham? Der aus da Bibel? War des a gebürtiger Rupper?
Sepp: Depp! Naa, ned der aus da Bibel, der aus Hintergrumpertinghausen! Aaf jeden Fall is des ziemlich peinlich. Es hod sich nämlich herausgestellt, dass da Rupper Abraham a vorbestrafter Wilderer, Schmuggler und Urkundenfälscher war! Und a Grenzsteinverrücker, also schwerkriminell! Des is fei echt bläd, wenn du Ahnenforschung machst und dann kimmt außa, dass dei Urururgroßvoda a glatter Verbrecher war. Weil dann host eventuell a Verbrechergen in dir! Also a Krimineller als Vorfahre is einfach voll peinlich.
Kare: A Preiß war owa no peinlicher!
Sepp: Do host aa wieder recht!

Im Augenarztwartezimmer

Mann A: Ja, da Erwin! Di hob i ja scho mindestens 20 Johr nimmer gseng! Ja leck mi doch alls am Orsch! Und heit triff i di zufällig beim Augenarzt. Mei liawa, ganz schee wampert bist worden! Mit Tendenz zu fett! Kruzenäsn, aso a Blunzn! Also nix für unguat, owa des san doch drei Zentn, wenns langt!

Mann B: Des is eine Unverschämtheit! Mich öffentlich aso zu beleidigen, bloß weil i a bissl a Übergwicht hob! Und außerdem …

Mann A: *Unterbricht ihn:* No geh, Erwin, hob di doch ned aso! Man wird doch amal an Gspoass macha derfa unter Schulkameraden! Früher in da Mittelschul warst ned so empfindlich. Und du host ja wirklich einen drumm Ranzen dran! In da Mittelschul warst zaundürr, drum soges ja. Und a Plattn host aa no, ja sag amal! In da Mittelschul host no lange Hoor ghabt, Erwin. Hamma doch immer gsagt: „Länger als de Fiaß vom Kare sind dem Erwin seine Haare!" *Lacht herzhaft.* Des war allaweil unser Spruch. Und etza? Plattert wie ein Säuglingsarsch! Host di scho gscheit verändert, Erwin! Gewaltig! A ganz a anderer Mensch bist worden! Der Zahn der Zeit hod gewaltig genagt an dir!

Mann B: *Empört:* I hoaß ned Erwin!

Mann A: Ja gibts des aa! An andern Vornam' host aa no!

Aus dem Mikrofon ertönt eine Stimme, die sagt: „Herr Roblinger bitte!" Der vermeintliche Erwin steht auf und geht in das Behandlungszimmer des Augenarztes.

Mann A: *Zu einem anderen Wartenden:* Brutal! An andern Familiennam' hod er aa no! In da Mittelschul hod er Pfahltner ghoaßn!

Mann C: *Peinlich berührt:* Ach ja? Na ja! *Vertieft sich wieder in seine Zeitschrift, um seine Ruhe zu haben.*

Mann A: Mit dem Lesen dua i mi hart. Mei Frau moant, i brauch a Brille! Owa wenigstens kenn i d'Leit no!

Bloß bläd

Kare: Hostas glesn, Sepp? 25 Prozent aller Grundschüler in da vierten Klass können ned gscheit lesen! 25 Prozent! Ein Viertel! Es is a Wahnsinn mit dera galoppierenden Blädheit!

Sepp: Wunderts di? Mi wunderts ned. De Kinder wissen zwar, dass im Internet 50 Smileys gibt, owa dass im Alphabet 26 Buchstaben gibt, des wissens ned. Oaner bläder wia da ander! Armes Deutschland!

Kare: Etza sagstas! Genau aso is. Owa woaßt, wos des Schlimme is? Es is ned bloß des Lesen, die Blädheit regiert aa in andere Fächer. Weil wenn du zu oan vo de 25 Prozent Leseschwachen song daadst: „25 Prozent vo eich können ned gscheit lesen", dann daad der wahrscheinlich song: „Ja und? Dafür kinnan de andern 25 Prozent ned gscheit rechnen!"

In einem meiner früheren Bücher gibt es ein Gedicht mit dem Titel „A Mo wird 50". Man möchte es nicht glauben: Es haben sich etliche Frauen beklagt, dass das nicht gerecht sei, wenn ich über die Frauen nichts Derartiges dichte. Na gut, an dem solls nicht scheitern, bitte-schöööööön:

A Frau wird 60

In der Nacht muasst öfters bieseln,
de scheena schwarzen Hoor wern grau,
des Fleisch hängt in de Zähn beim Fieseln
und schwitzn duast oft wia a … Borstentier.

Das Attribut der Weiblichkeit
san die zwoa Busen, die schönen runden.
Im Gegensatz zu früher findmas heit
a bissl weiter unten.

Du muasst wia ein Walfisch blosn,
beim Wandern geht dir d'Luft oft aus.
Und bückst di, schaut aus deiner Hosn
a weißer mittlerer Ring heraus.

Zum Sex host nimmer so oft Lust,
dein Gatte leider schon,
das führt bei ihm zu großem Frust,
obwohl er aa fast nimmer konn.

Im Fernseh gfalln dir knackige Jungs
mit Sixpäck und mit sexy Po,
doch daad oaner sogn: „Wia waars mit uns?"
daadst du samt mittlern Ring davo.

Ach, wia war des beim Tanzen schee,
in deines Mannes Arm zu sinken,
etzt duat dir da rechte Haxn weh
und eam zwickts im linken.

Doch eigentlich is a coole Zeit,
jeder Dog is ein Genuss,
lasstas guat geh und genieß des Heit,
es gibt bloß Kann und Mag, koa Muss!

Drum sog i etz zu dir des Oane:
Etz bist koa Mäuschen mehr, sondern a Maus,
a Zwoate wie dich gibts koane,
weils einfach wahr is: Guat schaust aus!

Und bevor Beschwerden von Männern kommen, weil ich ihren 60sten nicht gewürdigt habe, hier extra für uns, das angeblich starke Geschlecht:

A Mo wird 60

Es kimmt mir wie gestern vor,
gsuffa hamma Schnaps und Bier,
weil ich wurde 50 Johr,
unglaublich, dass i etza 60 wia!

A Feier wirds aa diesmal geben,
weil feiern is grundsätzlich schee,
doch i werd mit Schorle 's Glas erheben,
weil vom Alkohol kriag i Schädlweh!

Überhaupt muss ich gestehen,
is nimmer alles so, wias war.
Ohne Brilln konn i schlecht sehen
und blanke Haut is, wo einst war das Haar.

Wenn i dahoam mein Wasser lass,
auf Deitsch gsagt, wenn i im Stehen schiff,
dann wirds peinlich und i werd blaß,
weil i des Riesenloch ned triff.

Des erregt Kritik bei meiner Frau
und bei mir erregts verlegenes Schwitzen,
weil sie sagt: „Du woasst ganz genau,
in deinem Alter bieselt man im Sitzen!"

Wenn Sonnenstrahlen die Luft erwärmen
und die jungen Deandln mit ihren Reizen
wie Schmetterlinge dich umschwärmen,
sitzt du da und trinkst ein Weizen.

„Ansprechen hat keinen Sinn!",
denkst du dir zwischen zwei Schlucken,
„weil ich inzwischen 60 bin,
kann ich nur mehr gucken!"

Doch auch das ist schön für einen Mann
und du denkst dir voller Freid:
„Jetzt fängt a schöne Lebensphase an:
die Phase der Gemütlichkeit!"

Männer sehen ja die Dinge grundsätzlich gelassener als Frauen. Es sei denn, sie haben eine Erkältung oder gar eine Grippe! Dann wird aus der Gelassenheit Panik, bei zarteren männlichen Gemütern sogar Todesangst! Und das zu Recht, denn eine Erkältung ist ja bekanntlich bei einem Mann ca. 12-mal schlimmer und gefährlicher als bei einer Frau! Kommt zum Schnupfen und Husten auch noch ein dumpfer Kopfschmerz mit Ohrensausen hinzu, geht es ums nackte Überleben! Das wird zwar von manchen Frauen bestritten, als wehleidiges Getue abgetan und manchmal sogar verhöhnt; ich als Mann mit einschlägigen lebensbedrohlichen Katarrherfahrungen kann die Pein, die uns Männer in grippalen Phasen plagt, voll bestätigen. Es mag sein, dass die Geburtsschmerzen einer Frau minimal schlimmer sind, aber Männererkältungen sind dafür öfter!

Im Regelfall tut es einem Mann gut, bemitleidet, umsorgt und verwöhnt zu werden. Es gibt aber eine Ausnahme: Wir wollen NIEMALS auf unser fortgeschrittenes Alter angesprochen werden!!! Wir wissen selber, wann wir geboren sind und dass das schon eine Weile her ist! Als noch demütigender empfinden wir es, wenn wir so behandelt werden, als wären wir aufgrund der Jahre, die wir auf dem Buckel bzw. auf dem Bauch haben, ge- oder zerbrechlich, hilflos, senil, betreuungsbedürftig oder mangels Hormonen sexuell neutral bzw. ein vollkommen erloschener Ex-Vulkan, der zwar noch raucht, aber keinen Ausbruch mehr hinkriegt!

3 Männer – 1 Problem

Kare:	Rudi, warum schaust denn so grantig?
Sepp:	Owa ehrlich! Du schaust echt gscheit grantig, Rudi! Duat dir wos weh?
Rudi:	*Zornig:* Eben nicht! Wieso soll mir wos weh dua? Mir duat nix weh! Fangts ned ihr zwoa aa no o mit dem Schmarrn!
Kare:	*Erschrocken:* Sei halt ned glei so aggressiv! Wos is denn los?

Sepp: Duat dir wirklich nix weh?
Rudi: Ja Kreizbirnbaamhollerstaudn! Hörts auf mit dera blöden Fragerei! Ihr seids ja schlimmer wia mei Wei! I wenn dahoam bloß an kräftigen Schnauferer dua, dann fragts mi glei: „Ruuudi, warum schnaufst denn du so? Duat dir wos weh?" Ja fix, i MUASS doch schnaufa! Sunst erstick i ja! Owa seit dass i 60 bin, behandelt de mi wie einen Pflegefall! Mir fehlt doch nix! 60 is a Zahl und koa Krankheit! Ihr zwoa seids doch aa bald 60, ihr miassts doch wissen, dass unseroaner no topfit is!
Sepp: I bin erst 59!
Kare: Und i 58! Owa du host recht, Rudi! Mir fallt des in letzter Zeit aa auf, dass mei Hildegard dauernd so aufmerksam is, wia wenn i a Kind waar, und zwar a blädsi!
Sepp: Etza, wo du des sagst: Mir gehts aa aso mit dera Aufmerksamkeit! Und i will gar koane! Mei Moni mischt sich in Sachen eine, die sie gar nix ogenga! Zum Beispiel wenn i iss, dann sagts: „Schling ned aso, sunst verschluckst di wieder!" Als daad i mi dauernd verschlucka! Do kimmst dir vor wia a glatter Depp! Einmal hob i mi verschluckt, einmal! Und schuld war ned mei Alter, sondern a Karpfen. Dass des praktisch a Grätenhaufa mit Fischanhaftungen is, do konn doch i nix dafür!
Kare: Genau! Man wird behandelt, als waarma bläd! Gestern erst wieder: I iss zum Abendessen drei gfärbte Eier, kimmt sie eina und segt des und sagt: „Spinnst du! Drei Eier! Denk an dein Cortisonspiegel!"
Rudi: Cholesterin!
Kare: Genau, des wars! Mi regt des dermaßen aaf! Dauernd schauts wia a Geier, dass i ja nix Ungsunds iss! Selbstverständlichkeiten werden kritisiert! Kaum wirf i vier Löffel Zucker in mei Kafätassn eine, gehts scho los: „Spinnst du? Vier Löffel! Willst etza mit Gewalt Diabetes kriagn? Du bist genetisch vorbelastet! Dein Voda hamms den linken kloan Zeha amputiert wegen mangelnder Durchblutung! Des war da Zucker! Weil er Dog

	und Nacht Kuchen und so Glump einegstopft hod! Des mit dem Zeha hätts nicht braucht!"
Sepp:	So ein Schmarrn! Also nix gega dei Frau, owa des is doch ein glatter Blädsinn, wos de von sich gibt! Ob etza oaner mit 9 oder mit 10 Zeha stirbt, des is doch so wurscht wia no wos! Beim kloan Finger lass i mir des eigeh, dass man den erhält, weil den brauchtma zum Ohrnbohrn! Owa da kloane Zeha is für gar nix guat! Im Gegenteil, eventuell druckt er sogar im Schuah! Do is fast besser, er is weg, rein vom Tragekomfort vom Schuah her! Dann hamm de andern mehr Platz.
Kare:	Eben! Und mei Voda war da oanzige im ganzen Dorf, der a komplette Schachtel Ferrero Küsschen auf oamal verputzen hod kinna! Amal hod er sogar a Schachtel Mon Chéri auf oan Sitz packt, owa des war dann ungültig, weil er hod danach gspiem. Des war da Schnaps, der do drin is, der is tückisch! Der macht praktisch de Kirsche zur Droge. Du frisst dir im Prinzip an Zinterer o, unbewusst!
Sepp:	Owa trotzdem: Hut ab vor dein Voda! Er hods probiert!
Kare:	*Gerührt:* I war so stolz aaf eam!
Sepp:	Mit Recht! Und dann daad ihn dei Wei nachträglich schlecht macha wega an lumpigen kloan Zeha. So gehts nicht!
Rudi:	Mei Urgroßvoda hod zum Schluss koan linken Daumen mehr ghabt!
Sepp:	Ehrlich?
Rudi:	Wennes dir sog!
Sepp:	War des aa da Zucker?
Rudi:	Naa, des war da Franzos, 1916! Glatter Durchschuss! Zack, weg! Der Daumen liegt heit no irgendwo bei Verdun! Also die sterblichen Überreste vo eam – viel wird nimmer do sei!
Kare:	Des warn no Zeiten! Heit gehens ja scho zum Doktor, wenns irgendwo juckt! Damals: Daumen weg und weida gehts!

Sepp:	Jawoll! Rudi, etza schau ned so grantig, weil dei Wei fragt, warum du schnaufst! Uns gehts ja ned anders, etza hostas ja selber ghört! Trinkma a Halbe auf unser fast jugendliches Alter und auf unsern körperlichen Topzustand!
Rudi:	I bin ja ned grantig wega mein Wei, sondern wega gestern.
Sepp:	Wega gestern? Wos war nacha gestern?
Kare:	Samstag, oder?
Rudi:	Genau, Samstag! Und weil a scheens Weda war und weil i fit bin wie ein Turnschuh, hob i mir denkt, des nutz i aus und mach a Wanderung. Ganz alloa, weil dann is am erholsamsten. Weil wenn jemand dabei is, muasst entweder wos sagen oder zuahörn, beides is lästig.
Kare:	Do host du recht!
Sepp:	I sog allaweil: „Um froh zu sein, brauch ich kein Schwein! Allein sein, das ist fein!"
Rudi:	Ein wahres Wort! Auf jeden Fall war i so circa zwoa Stund unterwegs, kimm i am Berghäusl vorbei. Wissts scho, am Wirtshaus aaf da Oberspitz.
Kare:	Kenn i! A scheens Wirtshaus, mit Sonnenterrasse! Konnma guat essen durt!
Sepp:	Genau! Do war i aa scho öfter!
Rudi:	Essen! Des is des Stichwort! Des is da Grund, warum dass i so grantig bin heit!
Kare:	Wars ned guat?
Rudi:	Um des gehts ned, es geht um ganz wos anders! I sitz mi hi und weil mi ghungert hod, sog i zur Bedienung: „Bringst mir bitte a Radler und d'Speisekartn, schöne Frau!" *Haut sich mit der flachen Hand gegen die eigene Stirn.* Schöne Frau hob i aa no gsagt zu dera blädn Hehn! De war überhaupt ned schön, owa i Hanswurscht wollt charmant sei! In Wahrheit wars a Gfries!
Kare:	Des versteh i etza ned ganz. Wieso war des a bläde Hehn? I moan, fürs Gsicht konns ja nix, owa wieso sagst, dass de bläd war?

Sepp:	Hods d Zech ned ausrechnen kinna oder wos?
Rudi:	Ach, Schmarrn! Naa, es war Folgendes: Bringt de mir des Radler, war des a kloans! Des alloa war scho ein Affront! Owa guat, i hobma denkt, i konn ja dann no oans bstelln oder drei! Und dann legts mir d'Speisekartn hi und geht wieder. Ich schau in die Speisekartn hinein und denk mir: Ja kruzenäsn, is des eine karge Kartn! Es warn nur fünf Sachen zur Auswahl: Hühnersuppe, Putengeschnetzeltes mit Reis, Hühnerfrikassee mit glutenfreie Nudeln, Salat à la Chef und als Dessert hätts a zuckerfreies Mirabellenkompott geben.
Sepp:	Sunst nix? Do daad mir gar nix schmecka davo!
Kare:	Mir fei aa ned!
Rudi:	Moanst mir? Dann kimmt de von mir wahrheitswidrig als schöne Frau Bezeichnete und fragt: „Und? Haben Sie schon gewählt?" Sog i: „Bei aller Liebe, habts ihr nix anders? A Schnitzel oder a Schweiners oder notfalls a Currywurscht mit Pommes?" Dann stellt mir des Horn folgende Frage: „Ja, möchten Sie die normale Speisekarte?" „Wie jetza?", sog i, „wieso de normale? Is diese da ned normal oder wos?" „Nein, das ist die Seniorenkarte! Älteren Herrschaften bringe ich immer gleich die Seniorenkarte!"
Kare:	Des is etza ned wahr, oder?
Sepp:	Spinnt de komplett?
Rudi:	Des is die reine Wahrheit! I hob gmoant, i bin im falschen Film! Seniorenkarte! Sowos is mir no nie passiert! Des is doch eine Unverschämtheit sondersgleichen! Vor allem hob i überhaupt ned alt ausgschaut! I hob a Sonnenbrilln aufghabt und a blaues Käppi, wo „ladykiller" drauf steht! Des miassts eich amal vorstelln! I war optisch fast rappermäßig! Und dann bringt de mir a Seniorenkarte! A Mensch, der „ladykiller" am Käppi drauf hod, isst kein Frikassee!
Sepp:	Niemals!

Rudi: Es hod sich dann aa no herausgestellt, dass de mir absichtlich a kloans Radler bracht hod, weil, ich zitiere, „ältere Menschen miassn dann beim Wandern öfters bieseln, wenns glei an halben Liter trinken!" Des hod de wörtlich behauptet!

Kare: Also des is unglaublich! Eine blanke Unverschämtheit! Ja, und dann?

Rudi: Normal hätt i es dera Goaß dermaßen geigen miassn, dass' in koan Schuah mehr einepasst! Owa es warn a Haufa Leit do und des waar dann aa für mi peinlich gwesn. I hob dann bloß knallhart gsagt: „Bringens mir bitte die normale Speisekartn, owa zügig! Und a Radler, eine Mass bitte, und koa Reagenzglasl!"

Sepp: Jawoll! Sehr gut! Wo samma denn! Hods dann wenigstens glei de echte Speisekartn bracht?

Rudi: Sofort nach 10 Minuten, gemeinsam mit da Radlmass! Und dann hob i gsagt: „Bleibens glei da, Fräulein, i bstell sofort, weil mich hungert! Und zwar auf a Wirtshausessen und ned auf a Krankenhausmenü für darmgeschädigte Diabetiker!"

Sepp: Do wirds gschaut haben, de Goaß!

Rudi: Eigentlich ned. Sie hod bloß gsagt: „Und? Wos derf i nacha bringa?" Und dann, dann hob i bstellt, dass ihr d'Augen überganga san: A Gulaschsuppen als Entree …

Sepp: Als wos?

Kare: A Vorspeis is des! Also du host ja überhaupt koa Kultur ned! Entree, des woaßma doch aus da französischen Küche!

Sepp: Jamei, i kenn koan Franzosen, i geh meistens zum Griechen!

Rudi: Etza lassts mi halt weidaerzähln! Also, a Gulaschsuppn als Entree, dann an Schweinsbraten mit zwoa Knödel und Kraut, als Dessert vier Apfel-Zimt-Kücherl mit Vanilleeis und Sahne und vorsichtshalber an Kaiserschmarrn, falls de Kücherl eher kloa san.

Kare: Heilige Muada Anna, des is owa a Hauffa Zeig!

Rudi: Des konnst laut sagen! Und de Kücherln warn eher groß!
Kare: Host des alles packt?
Sepp: Des host ned packt, oder? Des packt doch a normaler Mensch scho kaum, und dann erst in deinem Alter!
Rudi: Eigentlich waar i nach da Gulaschsuppn scho satt gwesn, weil des war eine mords Schüssel voll, direkt a kloaner Eimer sozusagen, vo de drei dicken Scheiben Bauernbrot ganz zu schweigen!
Sepp: Eben! Des hob i mir nämlich denkt!
Rudi: Owa i hob mir gsagt: „Rudi, reißde zamm! Da musst du durch! Sunst triumphiert de foaste Bedienung no und sagt: ‚I hobs Eahna guat gmoant mit der Seniorenkarte!' Do daad i ja dosteh wia a alter Mo!"
Kare: Richtig! Vollkommen richtig! Du bist koa alter Mo ned! Und? Host alles packt?
Rudi: Jawoll! I bin nach de Kücherl kurz zum Speim aafs Klo, dann hod der Kaiserschmarrn mit knapper Not einepasst! Es hod mir owa von da Wanderhosn de obersten zwoa Knöpf weggsprengt, des hob i ned vermeiden kinna. De san zum Nachbartisch umepfiffa wia a Gschoss! Gott sei Dank ist durt kein Mensch gsessen, weil den hätts dawischt! Da Grund war, weil der Liter Radler hod relativ schnell mit dem Kraut reagiert. I bin mir vorkema wia a Luftballon, kurz vorm Zreißn.
Kare: Des is in dem Fall wurscht. Hauptsach, du host dein Gesicht gewahrt! Do konnma scho amal zwoa Knöpf opfern!
Sepp: Aaf jeden Fall! Rudi, i sog bloß: Hut ab!
Rudi: Dankschön!
Kare: Und dann bist hoam?
Rudi: Ned glei, i hob zerst zahlt. 52 Euro und 80 Cent! I hob owa bloß an Fuchzger dabeighabt. I hätt ja normal nie so viel gessn, des war nur, weil mi de dermaßen herausgefordert hod mit dem Speisekartenaffront! Des war dann voll peinlich. I hob mein Ausweis als Pfand durtlassen miassn, stellts eich des vor! Wega 2 Euro 80!

	D'Leit hamm gschaut, wia wenn i a Volldepp waar oder zumindest a Zechpreller! A Frau hod gsagt, i sollme ned owedua, weil des passiert ältere Leit öfter, dass amal zweng Geld eischiam! Aso ein Rindviech!
Kare:	Owa ehrlich! De soll sich um ihren Zeig kümmern und ned um dei Geld!
Sepp:	Und jetza? Wia seids verblieben?
Rudi:	Ja wia scho: I schau moang wieder eine, weil heit konn i no ned so weit geh. Des Kraut is nämlich no ned ganz durch durch mi und aa der Kaiserschmarrn treibtse no im Gedärm umananda. Moang dann geh i aufe zum zahlen und holma mein Ausweis wieder.
Kare:	Und? Isst wieder wos?
Rudi:	Wahrscheinlich probier i amal des Frikassee!

Die Sterne lügen nicht

Kare:	Sepp, amal a private Frage …
Sepp:	Frag!
Kare:	Glaubst du an Astrologie?
Sepp:	I bin vom Glauben her katholisch.
Kare:	Depp! Naa, ohne Schmarrn etza: Bist du horoskopgläubig?
Sepp:	Naa, den Krampf hob i no nie glaubt! Des haut nämlich hint und vorn ned hi. Bei mir is amal dringstandn: „Ihre gute Idee wird heute von Ihrem Vorgesetzten honoriert!"
Kare:	Und? Hodas honoriert, da Chef?
Sepp:	Achwo! I hob ja aa koa Idee ghabt, null.
Kare:	Dann konns da Chef aa ned honoriern.
Sepp:	Ja eben.
Kare:	I glaub ja grundsätzlich aa ned an des Zeig. I wenns scho allaweil les: „Die Jungfrau wandert mit dem Merkur in eine Venuskonjugation" oder so ähnlich – Schwach-

	sinn! Owa gestern bin i fei direkt baff gwesn, weil gestern hods haargenau gstimmt.
Sepp:	Ehrlich?
Kare:	Wennes dir sog. I les gestern zufällig de Horoskope, steht bei Widder …
Sepp:	Widder? Du sagst doch allaweil, dassma mir zwoa Hund' san …
Kare:	Depp! Aaf jeden Fall steht durt: „Morgen erwartet Sie eine plötzliche Luftveränderung!"
Sepp:	Aha! Und?
Kare:	Und heit hob i mitm Radl a Loch gfahrn. Hod sich d'Luft im Reifen plötzlich verändert – vorher wars do, dann wars weg!
Sepp:	Unglaublich! Woher hod des Horoskop des gwisst, dass du heit Radl fahrst?
Kare:	Direkt unheimlich!

Kreativer Enkel

Sepp:	Da Allerschlaueste is er ned, mei Enkel, owa kreativ is er! Eifalln duat eam immer wos!
Kare:	Wia moanst etza des? Is er quasi a Depp, aber mit guade Ideen?
Sepp:	So krass daad i des ned sagen. Naa, er konn sich sprachlich helfa, wenns drauf okimmt. In da Schul in Deitsch zum Beispiel, des hod er mir erzählt.
Kare:	Do bin i gspannt. Wos war nacha in Deitsch?
Sepp:	Er geht in die 3. Klass. Hamms grod gred über typisch deutsche Vorsilben, und do war grad de Vorsilbe „vor" dran. Hod da Lehrer gsagt, de Kinder sollen Wörter sagen mit der Vorsilbe „vor".
Kare:	Do wissert i einige!
Sepp:	Genau! Und dann hamm de Schüler Wörter gsagt. Vorbei, vor-gestern, Vor-bild, Vor-satz und so weiter. Und

	dann hod sich mei Enkel gemeldet, weil er wollt natürlich aa a Wort sagen.
Kare:	Logisch. Und wos hod er dann für a Wort gsagt?
Sepp:	For-elle!

Böse Welt

Sepp:	D'Welt is so schlecht, schlechter gehts ned!
Kare:	Owa ehrlich! Wieso?
Sepp:	Du kennst doch den Rudi ...
Kare:	No freilich! Da Rudi, der wo de Dings gheirat hod vo Dings. Wo da Bruader des mit dem Auto ...
Sepp:	Genau, der! Da Rudi hod sich a E-Bike kafft!
Kare:	Do schau her! A E-Bike! Da Rudi! Noja, er war ja allerweil scho recht sportlich!
Sepp:	Genau. 3599 Euro!
Kare:	Mi leckst! Do hodma früher a Auto kriagt dafür!
Sepp:	A gebrauchts.
Kare:	Scho, owa immerhin a Auto.
Sepp:	Etz pass aaf, etzta kimmt de Gemeinheit: Hamms dem Rudi letzte Woch des E-Bike gstohln! Aus da Garage außa! D'Welt is so schlecht, des is unglaublich! Mord und Totschlag, wo du hinschaust! Und etza aa no E-Bike-Diebstahl! Es gibt keine Hemmungen mehr!
Kare:	Furchtbar! Ja, und etza? Wos macht da Rudi?
Sepp:	Keine Ahnung! Sei Frau sagt, er is völlig radlos!

Ein ewiges Geheimnis war, ist und bleibt es vermutlich auch: Worüber reden Frauen, wenn sie unter sich sind? Über ihre Ehegatten, über uns also? Mag sein, wäre aber dann das Gegenteil von dem, was wir Männer in intimer Runde besprechen. Denn da geht es um vielfältigste Themen wie Fußball oder Politik oder ... äh, das wärs eigentlich im Großen und Ganzen. Halt, ein Thema noch: Über Frauen sprechen wir natürlich auch, aber niemals über die eigenen! Denn würden wir zu positiv über sie sprechen, käme der Verdacht auf, wir stünden unter dem Pantoffel, was peinlich wäre. Würden wir negativ über sie sprechen, würden sie es irgendwann erfahren, was noch peinlicher wäre. Ich kenne jemanden, der kennt jemanden, dessen Bruder ist Ober in einem Café, in dem sich regelmäßig (seit 30 Jahren!) ein sechsköpfiger Frauenstammtisch mit Damen im besten Alter (49 plus x) trifft. Und dieser Bruder kriegt Teile der Unterhaltung zwangsläufig mit und hat in gelöster Stimmung berichtet über die

Damenrunde

Resi: Des is sooo schee, dass wir uns immer no regelmäßig treffen, ihr Lieben! Etza scho 30 Jahre! I find des sooo schee! Ihr seids toll, Mädels! Ich liebe euch!

Begeisterte Zustimmung der ganzen Runde, alle lieben sich. Diese lange Zeit der weiblichen Verbundenheit ist einen Schluck Prosecco wert, außer bei Ulli, die neigt zum Sodbrennen und zur Gewichtszunahme und trinkt deshalb ein Cola Zero. Dadurch hat sie auch wegen des Bienenstiches, den sie nach der Himbeerschnitte einnimmt, kein sehr schlechtes Gewissen. Man stößt an und nippt am Glas.

Rosi: Einmal im Monat ohne Männer zammkema, des duat sooo guad! Wenigstens einmal im Monat! I woaß ja ned, wias eich geht, owa mei Hans, der wird fei immer langweiliger. Der sitzt do und sagt nix. Früher hod er viel mehr gsagt. Und wenn i zu eam sag: „Sag halt was!", dann sagt er: „Wos soll i denn sagen?" Dann sag i: „Irgendwas!" Dann sagt er: „Irgendwas!" Und des find er dann lustig. Es is immer des Gleiche, des zieht mi echt so runter!

Vroni: *Eifrig:* Genau! Haargenau! Mei Michl aa! Wenn i eam frag, wos' Neis gibt, dann schüttelt er bloß den Kopf. Der is sogar zu bequem zum „Nein" sagen! Der sagt sogar nix, wenns wos Neis gibt! Zum Beispiel hod sich sei Kollegin …

Evi: De blonde oder de mit dem Riesenarsch?

Vroni: De blonde! De hod sich vo ihrem Mann getrennt – des hod der mir nicht gsagt! Weil ihm des wurscht is, dem is alles wurscht. Do könnte d'Welt untergeh, dem waar des wurscht! Dem is sogar de Blonde wurscht! De waar eam früher nie wurscht gwesen, nie! Für mi interessiert er sich ja scho länger nimmer, owa jetza san eam sogar de fremden blonden Frauen wurscht, furchtbar!

Ungläubiges und empörtes Staunen der ganzen Runde über diese unfassbare männliche Ignoranz und Abgestumpftheit.

Evi: Des gibts doch ned!

Vroni: I schwörs. Der kriagt in da Arbeit topp News mit und sagt mir nix. I hobs neulich gsagt zu eam: „Michael, für wos gehst du eigentlich in d'Arbeit, wenn du mir nix sagst?"

Moni: Und wos hod er dann gsagt?

Vroni: Nix natürlich, wie gehabt! *Lacht ironisch und steckt damit alle an. Das ist ein Schlückchen Prosecco bzw. Cola Zero wert.*

Rosi: Vroni, sei froh, dass der Deinige no arbeitet, sei bloß froh! Seids alle froh, dass eiere Männer no im Berufsleben san! Mei Rudi is etza seit vier Monaten in Rente. Mädels, i sogs eich, des wenn ned bald anders wird, dann lass i mi scheiden oder i ziag in die Kellerwohnung. Es is nimmer zum Aushalten!

Evi: *Überrascht:* Ja Rosi! I hob mir immer denkt, des wird schee, wenn man gemeinsam den ganzen Dog und de ganze Woche verbringt!

Rosi: Schee? Schee??? Der wenn sich etza ned bald a Hobby suacht, bei dem er außer Haus is, dann drah i durch! I hob scho gsagt zu eam: „Geh Angeln oder Kartenspieln oder fahr Radl oder mach den Flugschein oder renn Marathon! Owa mach wos!"

Moni: Und? Macht er wos?

Rosi: Nix macht er. Außer dass er mi nervt den ganzen Dog.

Ulli: Wia nerven?

Rosi: Do gibts 1000 Beispiele. Wenn i zum Beispiel mit oaner von eich telefonier, des passt eam ned, weil i mi dann ned um eam kümmere. Kaum bin i zwoa Stund am Telefon, kimmt er scho daher. „Brauchst no lang? Wer is denn dran? Is wos passiert? Is wer krank? Draußen rengts wahrscheinlich glei, soll i d'Wäsch von da Wäschespinne owadua? Wann essma denn? Wos gibts denn heit?" Und so weiter und so weiter, i könnt eam derwuzeln! I hob keine Sekunde eine Ruhe, wenn der do is. Und der is IMMER do.

Ulli: Des is ja furchtbar!

Rosi: Des kannst laut sagen! Egal, wo i bin, rennt er mir nach, wia a Hund. Neulich in da Friah war i im Bad und hob zuagsperrt, weil i war groß und des dauert bei mir, weil i mach do immer a Kreuzworträtsel, dann gehts leichter.

Evi: Stimmt, bei mir aa! Oder wenn i wos les.

Rosi: Auf jeden Fall klopft er an die Badtür und fragt: „Rosi, bist du do drin?" Sog i: „Naa, i bin im Keller!"

Alle lachen über diese schlagfertige Antwort, ein Prösterchen muss sein. Doch das Drama im Hause Rosi geht weiter.

Rosi: Dann sagt er: „Haha, sehr lustig! Wos duast denn im Bad?" So eine blöde Frage! I bin im Bad und hob zuagsperrt, wos werd i do scho dua! I hob dann gsagt: „I strick

	dir an Pullover!" Sagt er: „Ehrlich? Im Bad? Strick halt im Wohnzimmer! Und übrigens brauch i koan Pullover, do kimm i immer so dick außa damit!" Es is ein Wahnsinn! Der wird allerweil seltsamer, seit er in Rente is.

Resi: Do wird mir fei direkt angst und bang. Da Meinige is no gar ned in Rente und wird trotzdem scho seltsam. Der geht zum Beispiel nimmer alloa zum Zahnarzt, i muass mitgeh! Der wird wia a kloaner Bua. Und wos mir sehr zu denken gibt: Seit a paar Wochen sitzt er sich zum Bieseln hi!

Evi: Ja, owa des is doch positiv! Mit dem Stehbieseln, des wird doch immer a Sauerei.

Resi: Scho, owa bis vor Kurzem hod er des konsequent geleugnet, das er der Ursprung der Pritschlerei is. Etza gibt er es plötzlich zua und sitzt sich freiwillig hi. Und dann kimmt er kaum mehr in d'Höh, weil eam sei Kreiz weh duat! Er wird immer wehleidiger, des is aa aso a Sach.

Ulli: Des is wahr. Eine Jammerei is des, wenn die Männer älter wern. Mei Anton hod an Weihnachten Grippe ghabt. Am 2. Weihnachtsfeierdog wollt er an Zettel und an Kugelschreiber.

Rosi: Warum?

Ulli: Er wollt sei Testament macha! Da Bua war zu Besuch da mit der Schwiegertochter, de hamm groß und kloa gschaut. Mittag hamma no a Gans ghabt und am Abend will er sei Testment macha! I hob mi dermaßen gschaamt!

Vroni: War er wirklich so schlecht beinand?

Ulli: Achwo! A ganz a normale Grippe, ned amal a schlimme. Owa der liegt dann am Kanapee wia des Leiden Christi. Alle halbe Stund hod er Fieber gmessn. Dann hod er um achte abends 39,1 ghabt und dann hod er gsagt: „Des wird nix mehr mit mir, es geht dahi! Und i hätt so gern no an Enkel ghabt!" D'Schwiegertochter war völlig verunsichert, weils ned schwanger is. Sogar unser Bua hod gsagt: „Also Papa, etza derfst owa aufhörn!"

Resi:	Und? Wann is er wieder gsund worden?
Ulli:	Am naxtn Dog um 17.30 Uhr. Do hod da Max ogruafa und gsagt, sie brauchen an vierten Mann zum Schafkopfa. Des war dann schlagartig fiebersenkend und schleimlösend.
Evi:	Des is sooo typisch, sooo typisch is des! Dahoam den sterbenden Schwan spieln, owa kaum sans im Wirtshaus und außerhalb unserer Kontrolle, sans wieder da große Zampano!
Resi:	Do hast du recht. Apropos Wirtshaus, do muass i eich was erzähln. Stellts eich vor, mir warn kürzlich mit unsere Nachbarn beim Chinesen. Da Nachbar is 60 worn und hod uns zum Essen eingeladen. Dann war do eine Bedienung, also de war wirklich eine Augenweide, des muass i zuagebn. Lange schwarze Haar, Mandelaugen, Topfigur, direkt neidisch könntst werden. Auf jeden Fall: Da Meinige und da Nachbar hellauf begeistert! Ihre Augen hamm gleuchtet wia bei an kloan Buam, wenn er sei neis Radl segt. Bei der Getränkebestellung hamms grinst und geschäkert wia verliebte Teenager, voll peinlich!
Ulli:	Owa echt! Ha, dass etza Männer so bläd san, wenns a schöne Frau seng? Wie die Idioten!
Resi:	Und dann hamms a Lychee-Schorle bstellt! A Lychee-Schorle! Obwohls normal nur Weizen saufen. Owa sie wollten ja bei der chinesischen Schönheit als feine Herren dosteh! Bstelln de zwoa Hanswurschten a Lychee-Schorle! Als ob de wos Feines waar! Damit schwoabt wahrscheinlich jeder gewöhnliche Chines sei Frühlingsrolle owe!

Gemeinsames Kopfschütteln über soviel männliches Dummgehabe. Das ist ein weiteres Schlückchen wert, man stößt an.

Ulli:	Unglaublich! Männer!
Resi:	Etza passts auf – der Höhepunkt kimmt ja no! Dann bringt die chinesische Schönheit die Getränke und

nimmt die Essensbestellung auf. Und dann bestellen sich unsere zwei Herren wos mit Hühnerfleisch und Gemüse, wo auf da Speisekarte drei rote Chilischoten drauf san, als Warnung quasi für westliche Mägen und Därme. Dann sagt die Bedienung: „Muss Hellen walnen, sehl schalf!" Und wos sagen die zwoa Gockel? „Null Problem, schöne Frau, weil mir san vo Haus aus scharfe Typen! No risk, no fun!" Peinlich bis zum Gehtnichtmehr! Woaßt, dahoam koppt meinem Gatten da Brokkoli scho auffa, owa beim Chinesen bstellt er sich a Hühnerfleisch mit drei rote Chili! Bloß weil d'Bedienung guat ausschaut!

Ulli: So sans! Und? Hod er des scharfe Zeig gschafft?

Resi: Mit Hängen und Würgen, vor allem Würgen! Gschwitzt hamms alle zwoa beim Essen, dass eana 's Wasser hint und vorn owegrunna is, de warn patschnass nachher. Und je vier Lychee-Schorlen hamms gsuffa, sonst waarns innerlich verbrennt. Und da Meine hod dahoam no drei Magentabletten gnumma, so hod eam da Bauch weh do.

Vroni: Waaahnsinn! Do sans alle gleich, alle! Kaum lächelt sie a attraktive …

Die Lästerei wird jäh unterbrochen, da ein Bild von einem Mann das Café betritt: jung, groß, sportliche Figur, blonde Haare mit einem derzeit modischen Zöpfchen ganz oben, blaue Augen. Das eng anliegende T-Shirt lässt ein Sixpack erahnen. Unwiderstehlich lächelt er die gereiften Mädels am Stammtisch an, geht mit einem verführerischen „Hallo Ladies" an ihnen vorbei und nimmt dann hinten an einem Ecktisch Platz, verfolgt von den sehnsuchtsvollen Blicken der Proseccotruppe mit den gruftigen Ehemännern.

Evi: *Die als Erste wieder in der Lage ist, den sekundenlang offenen Mund als Sprachorgan einzusetzen:* Habts ihr des gseng? Habts ihr des gesehen???

Ulli:	Natürlich hamma des gseng! Der is ja direkt unwirklich schee! Wia a Gemälde!
Rosi:	Der schaut a bissl aus wie der isländische Fußballer vo „Let's dance!"
Resi:	Genau! Des kannt sei Bruada sei! Aso ein Leckerli! Aso ein Traum von einem Mann!
Vroni:	Der hod bestimmt ned Kreizweh aaf d'Nacht!

Moni hat sich als Einzige bisher nicht geäußert, sie sitzt mit immer noch offenem Mund da.

Rosi:	Moni, warum sagst denn nix?
Moni:	*Verwirrt:* Mädels, i woaß ned genau: Hob i etza a Spontanerregung oder is bloß wieder a Hitzewallung?

Diese zweifelnde Selbsteinschätzung führt zu großer Heiterkeit und fordert einen großen Schluck aus dem Proseccoglas. Selbstverständlich wird das Glas in Richtung Traummann erhoben und zwölf Augen werfen ihm einen koketten Blick zu, den er mit einem unwiderstehlichen Lächeln erwidert.

Ulli:	Der daad mit 39,1 Grad Temperatur wahrscheinlich erst so richtig heiß werden – und da Meine braucht an Kugelschreiber fürs Testament! Des san de feinen Unterschiede!
Evi:	Aaf der andern Seitn: So a schöner Mo, der ghört dir nie alloa! Um den muasst immer Angst haben!
Roi:	Des stimmt! Unsere Jammerer und Chiliesser bleiben uns aaf jeden Fall und de ghörn uns alloa! De nimmt uns koane!

Diese Erkenntnis führt zu einem weiteren Prösterchen. Man freut sich des Lebens, des schönen Anblickes am Tisch in der Ecke und auf den nächsten Stammtisch. Monis Hitzewallung hält an.

Armer Junikäfer?

Sie: Gell Schatz, so a Juniabend auf da Terrasse is scho wos Scheens! A guads Glaserl Rotwein, dei geliebtes Weißbier, Chips …, so richtig gemütlich!

Er: Ja, gmiatlich is des. Und hörst du des Brummen von de Junikäfer? Etza in der Dämmerung sans ja besonders aktiv. Wia ganz kloane Hubschauber brummens.

Sie: Ja genau, wia ganz kloane Hubschrauber. *Seufzt.* Mei, de armen Käferln! Mich derbarmens irgendwie. Zerst sans ewig als Engerlinge unter der Erd und miassn Dog und Nacht bloß fressen, dass ned verhungern. Dann werns a Käferl, kemman an die frische Luft, miassn sich vermehren und dann sterbens. De armen Käferln!

Er: *Nach kurzer Überlegung:* Noja … 90 Prozent vom Leben bloß fressen und de restlichen 10 Prozent Sex – es gibt Schlimmeres!

Sie: Prost, du Hanswurscht!

Ein überbordendes Informations- und Entertainmentangebot durch soziale, asoziale und sonstige Medien ist schuld daran: Die Menschen sind komplett reizüberflutet und fast für nichts mehr zu begeistern, da sie alles schon gesehen, gehört oder sogar erlebt haben! Man muss sich schon etwas ganz Besonderes einfallen lassen, um sie hinter dem sprichwörtlichen Ofen hervorzulocken. Dieses Problem haben nicht nur professionelle Veranstalter und Agenturen, sondern auch die Organisatoren („Festausschuss" genannt) von Vereinsfesten und -jubiläen. Reichte es vor 30 Jahren noch, eine zünftige Blaskapelle mit dem anspruchsvollen Welthit „Schau hi, do liegt a toter Fisch im Wasser, den machma hi!" auf die Bühne zu setzen, so muss es heutzutage schon ein besonderer „Event" sein, der das Fest bereichert. Eine Modenschau erotischer Art beispielsweise, bei der der Austragsbauer angesichts der pinkfarbenen Dessous des Models vorwurfsvoll seiner Kreszenz zuraunt: „Aso a Hoserl is scho wos anders als wia dei wollerne weiße Bumpl!"

Eine Möglichkeit wäre auch ein Schönheitswettbewerb unter der weiblichen Dorfjugend. Ja, ich weiß, das ist nicht gendergerecht, denn es müsste eigentlich ein M/W/D-Schönheitswettbewerb sein. Aber mangels Bewerbern aus der M- und D-Fraktion muss es halt bei den hoffentlich hübschen Damen bleiben.

Eine brandneue, fast revolutionäre Idee hatte der Pfunzenkofener Stammtisch „Hoamgeh is koa Option" anlässlich seines 37-jährigen Bestehens. Schon das Feiern des 37-jährigen Vereinsjubiläums war ein kreativer Akt, da dieses selten bis nie Anlass für eine größere Festivität darstellt. Noch krasser und für das Dorf eine absolute Premiere war das Rap-Battle, das am Festsamstag des dreitägigen Jubiläums abends im 1200-Mann- (bzw. Frau-) zelt über die Bühne gehen sollte! Rapper aus dem ganzen Landkreis hatten sich angekündigt (einer namens Petr the Bohejm aus Tschechien musste aus sprachlichen Gründen abgelehnt werden), auch die zwei einzigen einheimischen Dorfrapper „Dorftrott L. feat. Al Fons" stellten sich den kritischen Ohren der Jury bzw. des Publikums. Die Fachjury bestand aus dem Bürgermeister („Chief Burgerking"), dem Kaplan („Holy Steve"), der Gattin des Stammtischvorsitzenden Martin Kraxenthaler („Moartls Lady") sowie dem Vereinsvorstand persönlich.

Mit Spannung erwartet man auch den überregional bekannten Profirapper „RäpSäp", der sogar schon einmal im Landkreis Freising aufgetreten ist.

Man freut sich auf das Battle, insbesondere die zahlreich in Lederhose und Dirndl erschienene Jugend in und um Pfunzenkofen. Doch wie wir sehen und hören werden: Nicht immer laufen derartige Events, die man vorher nicht proben kann, zur Zufriedenheit aller! Fast hätte er mit einem Eklat geendet, der

Rap in Pfunzenkofen

Vorstand: So, verehrte Gäste aus nah und fern! Ein herzliches „Check it out", wie der Rapper sagt! Jawoll, Spaß muss sein! Sie alle, ihr alle wartet auf das erste Rap-Battle im gesamten Landkreis und darüber hinaus. „Pfunzenkofen goes Rap" möchte ich sagen. Knisternde Spannung liegt in der Luft und natürlich auch der Duft des gschmackigen Festbieres der Brauerei Pfunzenkofer! Darauf ein Prosit der Gemütlichkeit, so viel Zeit muass sein. Kapelle, einen Tusch! *Mangels Kapelle kommt kein Tusch.* Ach ja, mir haben ja heit koa Kapelln ned, sondern a Rap-Mischpult mit dem Scratcher Grandmaster Oichhorn. Host an Tusch drauf oder sowos Ähnliches, Grandmaster?

Oichhorn: *In einem ca. 6 Nummern zu großen schwarzen zweistreifigen Jogginganzug und einem um 90 Grad gedrehten schwarzen Käppi mit der Aufschrift „Bei Bier schrei ich hier". Logo, Moasta! Oichhorn spielt spontan eine Techno-Fassung von „2,3 gsuffa".*

Vorstand: Super! Einmalig, Oichhorn! Do sagens immer, de heitige Jugend hod nix drauf! Oichhorn, du bist der lebendige Gegenbeweis! So, i daad sagen: Fangma an, dassma fertig werden! Bloß kurz no möchte ich einige Ehrengäste begrüßen: Zunächst die Geistlichkeit, unseren Herrn Stadtpfarrer, ganz in Schwarz, fast a bisserl rappermassig ... *Gelächter im Zelt, gequältes Hüsteln des Geistlichen, der zuvor den neuen Stammkrug geweiht hat ...* Spaß muss sein, Hochwürden, nix für unguat! Ein herzliches Grüß Gott unserem stellvertretenden Landrat, weil der erste ist bei der Feierwehr Brandling, die haben heute Ehrenabend. *Verhaltener Applaus.* Und ganz herzlich begrüße ich unseren Ehrenvorsitzenden und Gründungsmitglied Isidor Gromgreiner, den Easy halt! Servus Easy, alte Wurschthaut! *Tosender Applaus für Isidor, der aufsteht, sich dezent verneigt und seine Popularität genießt.* Und nicht zu vergessen unseren Festwirt, Sepp Pfunzenkofer, Juniorchef der gleichnamigen Brauerei. Habedieehre, Joe! I sag allerweil: „Wos is clever? Freibier forever!" *Frenetischer und in Sachen Freibier hoffnungsvoller Applaus.* Aber etza genug der Vorrede! Unsere Jury, die wo teilweise aus mir besteht, de kennts ja eh; weil de steht am Festprogramm oben. Begrüßen wir die ersten Battle-Teilnehmer, unsere Lokalmatadoren. Ein cooles „Hai, ihr 2!" für Dorftrott L. feat. Al Fons, im zivilen Leben Gottlieb und Alfons Winzheimer, oaner is da Cousin vom andern, wer vo wem, des woaß i ned! *Kein Gelächter, da kaum einer den Kalauer kapiert.*

Begleitet von dumpfen und sehr lauten Bässen, die das Bier in den Krügen vibrieren lassen, betreten die Angekündigten im korrekten Rap-Outfit die Bühne, schnappen sich die bereitliegenden Mikrofone und grüßen mit gespreiztem Zeige- und kleinem Finger.

Dorftrott L.: Hi homies!
Volk: Hi Trott L.!
Al Fons: Hi fucking losers!
Volk: Hi fucking Fonse!

Wappler: *Zu seiner neben ihm sitzenden Frau:* Wos sagta, da Winzheimerbua, Klara? I hobs ned ghört, i hob mei Hörgerät ausgschalt, weil de Musi so laut is!
Wapplerin: Genau woaßes aa ned. Griaßgott aaf Englisch wahrscheinlich.
Wappler: Do kema mir mit unsere 79 Johr nimmer mit! D'Oberkrainer, des war halt no a Musi! Trompetenecho, ein Traum! *Summt begeistert und mit feuchten Augen die Melodie vom Trompetenecho.* Da Slavko Avsenik, des war halt no a Musiker! Heit rennt ja bloß no Gschwerl umanand! Alles englisch, mir wennst ned gangst!
Wapplerin: Du und dei Trompetenecho! Omei, Wappler! *In der inzwischen 54 Jahre dauernden Ehe der Wapplers war es zu keiner Zeit üblich, sich mit Vornamen anzusprechen. „Wappler" und „Wapplerin" war nach Ansicht der Betroffenen Liebesbeweis genug. Und die fünf Wapplerkinder natürlich. In diesem Zusammenhang stelle ich es mir hocherotisch vor, wenn die Gattin im Augenblick höchster Ekstase „Wappler" schreit. Aber das nur nebenbei, wir sind hier, um den Rappern zuzuhören, nicht um das Liebesleben der Wapplers zu erörtern.*
Dorftrott L.: Fonse, are you startklar? Ready for take-off?
Al Fons: Logo, L! Let's rap!
Dorftrott L.: Oichhorn, hau an Beat eine, dass d'Currywürscht zreißt!
Al Fons: Yeahhh!

Es ertönen markerschütternde Bässe, die Hörgeräte und Herzschrittmacher an ihre Grenzen bringen, Wappler hat seines gottlob immer noch auf „off" geschaltet. Der erste Rap ertönt.

Dorftrott L.: Da unten sitzt der Bürgermeisteeer, Rudi Reibeeer heißt eeer ... *Bürgermeister freut sich, weil er schon im ersten Rap erwähnt wird.*
Al Fons: Is klaro, dass ihn jeder kennt, er hatte 74 Prozent ...

Dorftrott L.: Doch der einzige Kandidat war eeer, da kriegt man eigentlich meeehr! Yeahhh! Besonders alle Weiber, wählten nicht den Reiber! Ich kenn dafür den Grund, er hat 260 Pfund, yeahhh! *Bürgermeister freut sich nicht mehr, lächelt aber gequält, um sich keine Blöße zu geben. Das Volk lacht und klatscht.*

Wappler: Wos hamms denn gsagt, Wapplerin, weils alle aso klatschen?

Wapplerin: Dem Reiber hamms oane higrieben!

Wappler: *Grinst schelmisch.* Des schad eam ned, dem Angeber, dem wamperten!

Al Fons: Der Stadtpfarrer ist auch in the Haus, er trinkt die zweite Mass grad aus ... *Der Stadtpfarrer fühlt sich ertappt und stellt den Masskrug sofort wieder hin.*

Dorftrott L.: Die Kirche, die war früher voll, das fand Hochwürden toll ... *Hochwürden nickt melancholisch und erinnert sich an selige Zeiten.*

Al Fons: Jetzt singt er fast alleine seine Lieder, das ist ihm zwider. Besonders zwider, weil der Mann – überhaupt nicht singen kann. Yeah! *Hochwürden zuckt frustriert mit den Achseln, das Volk klatscht, aber nicht so begeistert wie beim Bürgermeister-Rap, um nicht in die Hölle zu kommen.*

Dorftrott L.: Der dritte Rap gehört euch allen, wir hoffen, es hat euch gefallen ...

Al Fons: Ihr seid das beste Publikum auf dem Planeten, coole Typen, keine Proleten ...

Dorftrott L.: We wish you no viel Bier und Spaß, der Buagamoasta zahlt a Mass! Keep cool, yeah, Pfunzenkofen rocks! *Tosender Applaus für die Nebenerwerbsrapper, die mit typischem schlurfenden Rappergang und dem Victory-Zeichen die Bühne verlassen, begleitet von trommelfellschädigendem Rap-Sound.*

Wappler: Wer zahlt a Mass?

Wapplerin: Aha, des host jetza ghört! Obwohl dei Hörgerät ausgschalt is!

Wappler: *Hält sich die Hand lauschend ans Ohr.* Wos sagst?
Wapplerin: Du bist und bleibst a Schlawiner, Wappler! Und a Kindskopf!

Wappler hat dieses Kompliment haargenau verstanden und freut sich still. Das Rap-Battle geht weiter.

Vorstand: Des war scho amal a cooler Einstieg, täte ich sagen! Kompliment unseren Eigengewächsen Dorftrott L. und Al Fons alias Winzheimers! So, und etza wirds professionell, Leit! Wir begrüßen den Berufsrapper RäpSäp aus Straubing, mit bürgerlichem Namen Jossip Grzcynsky! Säp, sei kein Däp, gib uns den Räp! *Lacht über das seiner Meinung nach geniale Wortspiel.*

In perfektem Rapper-Outfit, zusätzlich verschönert durch allerlei Tattoos und Metallteile in Nase, Ohren und über den Augen schlurft in übergroßen Turnschuhen der mit Abstand coolste Straubinger auf die Bühne. Da er von seinen Rap-Einkünften noch nicht leben kann, hat er auch einen normalen Beruf: Er ist Influencer und wirbt als solcher unter anderem für Jogginganzüge, allerdings nur für dunkle. Er hält sich nicht mit Vorreden oder gar einer Begrüßung auf, da sich das für echte Rapper nicht ziemt.

RäpSäp: Ich komm aus SR in dieses Kaff, ich lach mich schlaff, bin total baff, bin kein Herzog und kein Graf, auch kein Aff, und ich traf, ein Schaf, ohne Rock, es war ein Bock! Yeah, check this!

Die Bässe wummern, das Publikum sitzt relativ verunsichert da, weil es im eben gehörten Räp keinen tieferen Sinn sieht, wie z.B. in der zuvor gehörten Verarschung des Bürgermeisters. Aber man spendet aus Höflichkeit gegenüber dem Profi aus der niederbayerischen Metropole höflich Applaus. Das fordert den RäpSäp natürlich heraus!

RäpSäp: Ey, dieser verhungerte Applaus, in the Pfunzenkofen-House, ist kleiner als eine Maus, fast wie eine Laus, ich flipp gleich aus, Franz Josef Strauß, oh Graus, ich geh gleich raus, leb in Saus und Braus, mein Freund heißt Klaus, wenn du isst, dann kaus, sonst bricht im Darm das Chaos aus! Yeah people! RäpSäp greets fucking Pfunzenkofen! Alkohol forever!

Die Verunsicherung des Publikums ist weiter gewachsen, kaum einer, abgesehen von ein paar goaßmassseligen Jugendlichen, kann dem Gefasel von RäpSäp etwas abgewinnen. Der Höflichkeitsapplaus ist noch höflicher bzw. verhaltener als vorhin.

Wappler: Wos sagt der Hanswurscht do vorn?
Wapplerin: Keine Ahnung! Do warn grad de Winzheimer-Buam fei besser! De hamm vom Buagamoasta gsunga und vom Herrn Pfarrer! Owa der Kasperl mit seiner Maus und seiner Laus ... i woaß echt ned, wos des soll! Und dann kimmt er no mitm Franz Josef Strauß daher! Wos des soll, frag i mi! Und der soll angeblich berühmt sei! D'Welt wird allaweil narrischer! Vor Jahren war amal da Rex Gildo do, des war halt no wos! Des Hossa war einmalig! Owa der Depp do vorn – armes Deutschland!
Wappler: A Weda wenn kimmt, derschlagtna eh da Blitz mit dem Haufa Eisen in da Lätschn!

Verlassen wir diese Unterhaltung, bevor sie richtig ordinär wird und wenden wir uns dem dritten Rap des Profis zu!

RäpSäp: Pfunzenkofen hy, jetzt kommt RäpSäps Nr. dry: Ich mach jetzt Schluss, mit schlankem Fuß, ihr kriegt nen Kuss, ohne Verdruss, weil ich weg muss, mit Räppergruß, der geistige Erguss, war nur ein schneller Schuss, ich nehm gleich den Bus, fahr weg nach Belarus, kauf mir eine Walnuss, bei 12 Grad plus, mach dann nen Aufguss, in der Sauna von Jakobus, dem durchgeknallten Russ, das ist mein Beschluss!

Yeaaahhhh! Fuck you! *Verlässt mit aufreizendem Gang und sich im Intimbereich kratzend die Bühne, begleitet von der nach wie vor brutal lauten Musik und dem nun doch großen Applaus. Die Wortkunst hat den Großteil des Publikums überzeugt.*

Vorstand: Sie hamms gemerkt, liebe Gäste: ein Profi! Wia viel Wörter der woaß, die wo mit „uss" aufhören – Wahnsinn! Und dann no aso bringa, dass des Ganze einen Sinn hod: Hut ab, RäpSäp! So liebe Gäste, jetzt ein Schmankerl! Wir haben nicht nur Rapper da heute, nein, auch eine Rapperin! Aus dem benachbarten Oberkrimmelhausen kommt jetzt gleich auf die Bühne die Franziska Unterwieser. Sie ist Bäckereifachverkäuferin im dritten Lehrjahr, ein braves Deandl also eigentlich. Aber als Rapperin heißt man sie „Bad Girl Franzy", jawoll! Na, do samma aber gspannt! Auf gehts, Bad Girl Franzy! Rap uns oan owa!

Oichhorn spielt kurz das Lied „Weil ich ein Mädchen bin" ein, switcht aber dann sofort um auf düstersten Rap-Sound! Zu Recht, denn ein Mädchen mit schwarzen Haaren, bleichem Teint, schwarzem Minirock (sehr mini!), schwarzem T-Shirt, schwarzer Strumpfhose und schwarzen Schuhen bzw. Wanderstiefeln mit Gigasohle betritt die Bühne. Die goaßmassgetränkte männliche Dorfjugend schreit spontan „ausziehn", was aber ungehört verhallt. Ungehört, aber nicht unkommentiert, denn Bad Girl Franzy geht gleich in die Vollen!

Franzy: Da sitzens hinten, de geilen Boum, schaun aus wia frisch aus da Odelgroum! Und oans woaß i ganz gwiss, dass Sex für eich a Fremdwort is! Koa Hirn unter den Haaren, des „Ausziehn" kinnts eich sparen! Wenn i eich seh, denk i für mi: „Ihr und Sex? O naa nie!"

Damit konnte man nicht rechnen! Tosender Applaus des ganzen Zeltes für diese toughe Lady! Halt, nicht des ganzen Zeltes: Die Goaßmass-

truppe schweigt errötend und beschämt. Besonders das letzte Wort des Raps, das Bad Girl Franzy treffsicher betont hat, hat sie, da es wahr ist, in der jugendlichen Männerseele getroffen.

Wappler:	Oleck, aso a Gschroa! Wos hods denn gsagt, des Deandl?
Wapplerin:	Schalt dei Hörgerät ei, dass muasst dir ohörn! De is echt guat!
Wappler:	Und a sauberne aa no! De daad i ned vom Rollator schubsen! De ned!
Wapplerin:	Draam weida, olter Depp!
Wappler:	A weng dunkel anzogn is, alles schworz! Is wer gstorben bei ihr?
Wapplerin:	Ach wo! Des ghörtse aso!
Wappler:	Ja dann ... also, etza hob i mei Hörgerät eigschalt, etza bini gspannt!
Franzy:	Heitzudogs glaubt mancher Depp, a Deandl is bläd und konn koan Rap! I verkaaf Brezn in da Bäckerei, owa heit bin i so frei, hau meine Reime in das Zelt, hoff schwaar, dass eich des gefällt; falls nicht, dann sog i forsch: Leckts mi kreizweis an mein bleichen ... check it out, yeah!

Die Begeisterung kennt keine Grenzen, Gejohle, Applaus und totale Begeisterung im Zelt. Wieder einmal stellt sich heraus, dass Frauen im Allgemeinen und Bäckereifachverkäuferinnen im Besonderen unterschätzt werden! Sogar Wappler wird unruhig.

Wappler:	Ja mi host ghaut, is de guat! De geigts de Männer! I wenn noml jung waar, de daad i ogreifa! Aso a Pfundsweiberts! Der wos de amal kriagt, der hod zwar nix zum Lacha, owa a Freid! Prost Franzy! *Prostet ihr aus der Menge zu, was Franzy aber natürlich nicht wahrnimmt. Wappler ist das auch wurscht und er nimmt einen tiefen Schluck aus dem Masskrug. Auch der*

Vorstand ist außer sich vor Begeisterung und ergreift vor Franzys Schlussrap außerplanmäßig das Wort.

Vorstand: Was sagens jetza, meine Damen und Herren? Was sagen Sie jetzt? Ist das ein Prachtmädel oder nicht? Da schlummert in der Bäckerei Semmler in Oberkrimmelhausen so ein Talent zwischen Bienenstich und Dinkelbrot! Franzy, Hut ab! Wir frein uns alle auf deinen dritten Rap! Auf gehts! Beziehungsweise keep on rapping, wia mir Rapper sagen!

Franzy: Jetzt bring i den Rap, den dritten – schauts mir ned immer auf die ... Füße. Ihr Männer seids fei echt ein Pack – ich schau eich doch aa ned aaf den ... Kopf! Nix für unguat, ein Spaß muss sein beim Rappen, weil es gibt zuviele Deppen! Hey, bleibts gsund, es sagt byebye, sagt das Bad Girl aus der Bäckerei!

Der Applaus kennt erneut keine Grenzen, das Zelt tobt! Auch Wappler, an dessen Vornamen sich niemand mehr erinnert, lässt sich zu einem „hey" hinreißen, was die Wapplerin erstaunt zur Kenntnis nimmt! Es folgen zwar noch drei weitere Rapper, wobei aber keiner mehr auch nur annähernd an Franzy herankommt. Einer hat ohnehin einen Wettbewerbsnachteil, denn er kommt aus Sachsen. Die beiden anderen bemühen sich redlich, werden aber nach Franzy kaum mehr zur Kenntnis genommen. Kürzen wir das Ganze ab: Selbstverständlich ging der Sieg an das mutige Deandl aus Oberkrimmelhausen! Dem Wappler hat es zwar gut gefallen (dank Franzy), aber trotzdem lautet sein Resümee:

Wappler: Woaßt wos, Wapplerin? Schee wars scho! Owa in 37 Jahren, wenns wieder a Jubiläum hamm, dann sollns a Blaskapelln engagiern!

Wapplerin: Des konn doch dir wurscht sei, weil in 37 Jahrn wirst du nimmer ins Festzelt geh! Da waarst du dann 116 Jahr alt!

Wappler: Des stimmt! Do werd i nimmer geh! Do brauch i dann wahrscheinlich doch scho an Rollator!

Wapplerin: Omei Wappler!

Es gibt heutzutage mehrere Gelegenheiten, die Geduld, die Nerven oder, falls vorhanden, den Verstand zu verlieren. Eine davon ist ein Telefongespräch mit einem vermeintlich echten Menschen, der sich im Laufe des Telefonats als körperlose digitale Stimme entpuppt. Doch damit nicht genug: Das elektronische Nirvana, bisweilen auch Servicetelefon genannt, hält allerlei Angebote bereit, die man nicht braucht und von denen man deshalb auch nichts wissen will. Doch die Informationen suchen sich gnadenlos und mit blumenreichen Worten ihre/n Abnehmer/in! Diese/r hat nun mehrere Möglichkeiten: unflätige Schimpfwörter in den Hörer brüllen und auflegen, unflätige Schimpfwörter in den Hörer brüllen und nicht auflegen, den Hörer zur Seite legen und warten, bis ein echter Mensch am anderen Ende der Leitung ist, unterdessen etwas anderes erledigen und dabei unflätige Schimpfwörter brüllen.

Oder man hat stabile Nerven, viel Zeit und ein gesundes Gottvertrauen wie Hans. Hans ist Rentner und möchte sich bei seiner Krankenkasse erkundigen, ob und wieviel diese zum Zahnimplantat, das er benötigt, um eine unansehnliche Lücke zu überbrücken, dazuzahlt.

Nur zur Klarstellung: Es liegt mir fern, irgendwelche Krankenkassen (seit Neuestem bevorzugen diese den Begriff „Gesundheitskasse") an den Pranger zu stellen. Ähnliche Anrufqualen kann man auch bei Energieversorgungsunternehmen, Telefonanbietern und Behörden aller Art erleben. Also Hans, auf gehts! Frag mal nach, wie es ausschaut mit der

Zahnzuzahlung

Stimme (m): Herzlich willkommen bei Ihrer Gesundheitskasse!
Hans: Ja, griaß Gott! Des is owa schnell ganga! Es waar wega de Zähn! Weil oben links ...
Stimme (m): Unsere Mitarbeiter/innen sind derzeit alle im Kundengespräch. Wir werden Sie aber so bald wie möglich mit einem/einer freien unserer kompetenten Berater/innen verbinden! Bleiben Sie gesund!

Hans:	*Meint immer noch, dass er mit einem echten Mann spricht.* Gehts recht zua bei eich, ha? Überall des Gleiche! Gestern bei da Bank ...
Stimme (m):	Wenn Sie Fragen haben zu Ihrem Tarif oder zur Beitragshöhe, drücken Sie bitte die 1 oder sagen Sie „Eins"!
Hans:	Eher wega de Zähn!
Stimme (m):	Ich habe Sie leider nicht verstanden.
Hans:	*Laut und deutlich:* Zäh-ne!
Stimme (m):	Ich habe Sie leider nicht verstanden. Wenn Sie Fragen haben zu Ihrem Tarif oder zur Beitragshöhe drücken Sie bitte die 1 oder sagen Sie „Eins"!
Hans:	Ja, des hamms ja grad scho gsagt! Es waar owa wega de Zähn! Wos hamm denn d'Zähn für a Nummer?
Stimme (m):	Ich habe Sie leider nicht verstanden. Wenn Sie Fragen zur stationären Behandlung haben, drücken Sie bitte die 2 oder sagen Sie „Zwo"!
Hans:	Ins Krankenhaus werd i ja ned glei miassn wega an Implantat! I hob do bloß a Lucka, oben links ... *deutet mit dem rechten Zeigefinger auf seine Zahnlücke.*
Stimme (m):	Ich habe Sie leider nicht verstanden.
Hans:	Sie hörn fei ziemlich schlecht! Sie sollten direkt selber amal zum Doktor gehen, zum HNO!
Stimme (m):	Sie sagten „Zwo" ... einen Moment bitte! *Es ertönt einige Sekunden lang flotte Musik und der dezente Hinweis einer weiblichen Stimme: „Bitte bleiben Sie in der Leitung, wir sind gleich für Sie da!"*
Hans:	Zefix! HNO hob i gsagt, ned „Zwo"! Wos is denn des für a Krankenkassa? I konn doch koan Schwerhörigen an d'Vermittlung setzen! Hallo? Haaallooo?
Stimme (w):	Sie haben Fragen zur stationären Behandlung? Wenn die Behandlung schon stattgefunden hat, drücken Sie die 1 oder sagen Sie „Eins"! Wenn die

	Behandlung erst genehmigt werden soll, drücken Sie die 2 oder sagen Sie „Zwo"!
Hans:	*Vermutet, mit einer echten Frau zu sprechen.* Naa, Fräulein, habe ich ned! Da Kollege hod sich verhört! I hob HNO gsagt und er hod Zwo verstanden! Es ist ein Kreuz! Der hod wos mit de Ohren.
Stimme (w):	Ich habe Sie leider nicht verstanden.
Hans:	Ja sagens amal, des gibts doch ned! Hamm Sie alle a Problem mit dem Gehör? Oder is de Telefonleitung so schlecht? I ruaf o wega de Zähn! ZÄHNE, zenalln!
Stimme (w):	Ich habe Sie leider nicht verstanden. Wenn die Behandlung schon stattgefunden hat, drücken Sie die 1 oder sagen Sie „Eins"! Wenn die Behandlung erst genehmigt werden soll, drücken Sie die 2 oder sagen Sie „Zwo"!
Hans:	Ja Himmelherrgottseiten! I will doch bloß fragen, ob ihr zu mein Implantat wos dazuazahlts! Des konn doch ned so schwierig sei! Also nix für unguat, Fräulein, owa des is doch ned normal!
Stimme (w):	Ich habe Sie leider nicht verstanden! Sie werden mit der Vermittlung verbunden! *Es ertönt wieder flotte Musik mit dem Befehl „Bitte bleiben Sie in der Leitung, wir sind gleich für Sie da!"*
Hans:	*In sinkender Stimmung:* So ein Deppenhaufa!
Stimme (m):	Herzlich willkommen bei Ihrer Gesundheitskasse!
Hans:	Er scho wieder, da Schwerhörige! Etz passens auf: Es geht ...
Stimme (m):	Unsere Mitarbeiter/innen sind derzeit alle im Kundengespräch. Wir werden Sie aber so bald wie möglich mit einem/einer freien unserer kompetenten Berater/innen verbinden. Bleiben Sie gesund!
Hans:	*Ahnt langsam, dass er mit einem Automaten spricht.* Du bist doch a Automat! Oder? Bist du echt? Du bist doch ned echt! Gibs zua!

Stimme (m): Wenn Sie Fragen haben zu Ihrem Tarif oder zur Beitragshöhe, drücken Sie bitte die 1 oder sagen Sie „Eins"!

Hans: *Hat die Situation endgültig durchschaut und macht sich einen Jux:* Ich und du, Müllers Kuh! Bäckers Esel, das bist du! Musst du auf das Klo, dann drück sofort die Zwo! Hast du grad gespieben, dann drücke die Sieben! Riechen deine Strümpf, drück einfach die Fünf! Und drückst du die Vier, zahl ich dir ein Bier!

Stimme (m): Ich habe Sie leider nicht verstanden.

Hans: *Immer kecker:* Tri tra trallala! Der schöne Hans ist wieder da! Wenn ihr zahlts, daad es mich freia, weil a Implantat is deia! *Imitiert übermütig mit den Lippen einen Furz.* Dieser Schoass kam aus dem Mund, bitte bleiben Sie gesund!

Stimme (m): Willkommen bei Ihrer Gesundheitskasse, Sie sprechen mit Gregor Greger. Wie kann ich Ihnen helfen?

Hans: *Immer noch in der irrigen Annahme, mit einem Automaten zu sprechen:* Es war einmal ein Neger, der hieß Gregor Greger!

Stimme (m): Wie bitte?

Hans: *Erschrocken:* San Sie ebba lebendig?

Stimme (m): Sie sprechen mit Gregor Greger!

Hans: Scho klar. I möchte bloß wissen, ob Sie echt san. San Sie a Mensch oder a Automat?

Stimme (m): Ich bin selbstverständlich ein Mensch! Wie kann ich Ihnen helfen?

Hans: Mei, dann nix für unguat! I bin bloß nervlich a bissl durcheinander, weil i häng scho seit zehn Minuten in da Leitung. Zerst war oaner dran, der war a schwerhöriger Automat und dann aso a Weiberts, de wollt mi stationär behandeln, owa de war aa ned echt! I bin ehrlich gsagt direkt froh, dass Sie a Mensch san!

Stimme (m): Das freut mich! Also, wie kann ich Ihnen helfen?

Hans:	Es is Folgendes ...
Stimme (m):	Entschuldigen Sie bitte, wenn ich Sie nochmal kurz unterbreche: Wir zeichnen Kundengespräche zu Schulungszwecken für unsere Mitarbeiter/innen auf, wenn die Kunden damit einverstanden sind. Aus datenschutzrechtlichen Gründen muss ich Sie fragen, ob Sie einer Aufzeichnung zustimmen.
Hans:	Wird do mei Nam gsagt?
Stimme (m):	Natürlich nicht, Herr ...
Hans:	Hansen, Hans Hansen!
Stimme (m):	Herr Hansen! Danke für Ihr Einverständnis! So, jetzt aber in medias res!
Hans:	Wos?
Stimme (m):	Zur Sache! Um was geht es? Womit kann ich Ihnen helfen?
Hans:	Es is aso: I hob vo Haus aus a Zahnlucka ghabt, oben links ...
Stimme (m):	Geht es um eine zahnärztliche Behandlung? Dann muss ich allerdings ...
Hans:	Etza lassens es mich halt erklären! De Zahnlucka stammt aus da Jugend, weil do hods mi mitm Mofa gworfa! Weil do is a Deandl mit an brutal kurzn Minirock am Trottoir ganga und i Depp hob aaf den Minirock gschaut und ned aaf d'Straß und do war eine Dölln bei an Kanaldeckel, eine Delle praktisch, und scho bini gflogn! Und wie immer: Schuld war ein Weiberts!
Stimme (m):	Wenn ich Sie unterbrechen darf ...
Hans:	Moment, glei! De Zahnlucka an sich waar ned so schlimm gwesn! Owa etza hod mir da Zahnarzt den Zahn neba da Lucka grissn, weil der war hi. Und etza is de Lucka vo da Ästhetik her zu groß! Und drum daad i aaf a Implantat spekuliern! Und wia daad etza des ausschaun wega de Kosten? Weil da Zahnarzt sagt, mit guat 3000 Euro muass i do rechnen. Wia daaderts ihr des sponsern, aaf Deitsch gsagt?

Stimme (m): Das kann ich Ihnen leider nicht sagen, ich bin für zahnärztliche Behandlungen und deren Kostentragung nicht zuständig.
Hans: Ned? Wer nacha?
Stimme (m): Das macht meine Kollegin Frau Bohrer!
Hans: Ohne Schmarrn? Hoaßt de echt Bohrer? Und is für Zähn zuständig? Also an Humor habts ihr fei scho! Also, dann gebens mir de Bohrerin bittschön! *Schüttelt amüsiert den Kopf.* Nicht zum glauben – Bohrer! Es is ein Wahnsinn! Für urologische Behandlungen is dann wahrscheinlich da Herr Tropfer zuständig.
Stimme (m): Ich verbinde, Moment bitte! *Es ertönt wieder flotte Musik und der schon bekannte Befehl, in der Leitung zu bleiben. Die Musik hält an, man hört Tipps zur Raucherentwöhnung und zur Rückengymnastik, ergänzt mit Ratschlägen und Ernährungstipps für Schwangere.*
Hans: Mensch Meier, des gibts doch ned! Wo is denn die Bohrerin? Etza hör i scho drei Minuten de Musi und den Krampf! I rauch ned, und schwanger bin i aa ned!
Stimme (m): Herzlich willkommen bei Ihrer Gesundheitskasse!
Hans: *Erschrocken:* Ned du scho wieder! Ned scho wieder da schwerhörige Automat!
Stimme (m): Unsere Mitarbeiter/innen sind derzeit alle im Kundengespräch. Wir werden Sie aber so bald wie möglich mit einem/einer freien unserer kompetenten Berater/innen verbinden! Bleiben Sie gesund!
Hans: *Mit wirrem Blick und diabolischem Grinsen:* Wenn Sie mich kreizweis am A. lecken wollen, drücken Sie die 1! Wenn Sie mir den Buckel hinunterrutschen wollen, drücken Sie die 2! *Legt auf und findet die Zahnlücke nicht mehr so schlimm.*

Ab einem gewissen Alter, wenn man eine Glatze hat, noch früher, wird man immer wieder gefragt: „Und? Wie lange hast noch?" Damit ist nicht die Frist bis zum Exitus gemeint, sondern die Zeit, die man noch im Berufsleben verbringen „muss". Wobei „muss", was mich betrifft, das völlig falsche Wort ist! Als wäre es eine Strafe, zur arbeitenden Bevölkerung zu gehören! Es ist doch schön, Kollegen zu haben oder gar Kolleginnen, mit denen man sich austauschen kann! Denen man vorjammern kann, was einem alles weh tut, welche Ersatzteile man auf dem kahlen Kopf, im Mund, im Knie oder an der Hüfte schon hat oder noch benötigt! Es ist auch schön, montags bis freitags frühmorgens um 6 Uhr aufstehen zu dürfen, weil man ab 4 Uhr nach dem obligatorischen Bieseln eh nimmer schlafen kann. Blöd ist allerdings, dass der fehlende Schlaf so gegen 14 Uhr dazu führt, dass man die Kollegen, dummerweise auch die Kolleginnen, mit glasigem Blick und geistesabwesendem Grinsen ansieht. Manchmal ertappt man sich sogar dabei, dass man für Sekunden geistig komplett weggebeamt war. Dann weiß man nicht mehr, was man schlaftrunken zu wem gesagt hat, warum man es gesagt hat, ob man überhaupt etwas gesagt hat und wenn ja, ob es eventuell peinlich war, weil man seine geheimen Gedanken ausgesprochen hat. Natürlich kann man die Müdigkeit mit mehreren Tassen Kaffee oder auch mit einem Energydrink bekämpfen. Dies führt dann dazu, dass man um 14 Uhr fit und geistig rege ist, leider um 2 Uhr auch noch! Vom Harndrang, der dem Kaffee innewohnt, ganz zu schweigen!
Noch problematischer kann aber das von manchen so hochgelobte und heißersehnte Rentnerdasein werden! Nicht ohne Grund sieht man viele rüstige Ruheständler als Fahrer, Fremdenführer, Müllsortierer, Nachtwächter, Babysitter etc. den Tag und die Nacht verbringen. Warum? Weil ihnen daheim die Decke auf den Kopf fällt und weil sie stören. Denn wer 45 Jahre lang tagsüber nicht da war und jetzt immer da ist, der stört. Das ist keine Vermutung von mir, das ist ein Naturgesetz! Unsere beiden Freunde Sepp und Kare beschäftigt das Thema natürlich auch, denn auch sie sind in einem Alter, in dem man öfters nachdenkt über die Zeit und ihre Folgen. Es beginnt damit, dass der Sepp dem Kare die Frage stellt, die dieser gar nicht mag, nämlich

Wie lange hast du noch?

Sepp: Aso a Samstag nomiddo in da Eisdiele, an Eierlikörbecher und a Weißbier, des is wahre Lebensqualität!

Kare: Do host du recht, Sepp! I hob zwar an Früchtebecher, weil i koan Eierlikör ned mag, owa des Entscheidende is eh s Weißbier! Prost!

Sepp: Prost Kare! Du, Kare, wos i di scho lang fragen wollte: Wia lang host etza du no genau?

Kare: Wos wia lang? Wia moanst etza des?

Sepp: Wia lang dass du no arbeiten muasst! Wann derfst in Rente geh?

Kare: *Ungehalten:* Wos hoaßt do „muasst" und „derfst"? Wieso fragt denn mi do in letzter Zeit jeder? Schau i so alt aus oder wos? I hob no vier Jahre und acht Monate bis zur Rente! Und außerdem is mir des sowieso wurscht, weil i geh gern in d'Arbeit! Des is doch ned schlimm, wennma wos arbeitet! Und man hod an sozialen Kontakt! Also frag ned so bläd!

Sepp: *Erschrocken:* I moan ja bloß! I hob ja aa no über drei Jahre! Is scho klar, dass ned schlimm is, wennma arbeitet, obwohls manchmal scho stressig is! Also manchmal denk i mir scho: „Lauter Deppen!"

Kare: Des denk i mir sowieso täglich, owa des hod nix mit mein Beruf zum dua, des is allgemein!

Sepp: Do host aa wieder recht! Und du gfreist di ehrlich überhaupt ned aaf dei Rente?

Kare: Nein! Und woaßt, warum? I kenn einfach zu viele abschreckende Beispiele! Kennst du den Reinrinner Rudi?

Sepp: No freilich! Da Rudi! Der beste Spengler zwischen Wolga und Mississippi!

Kare: Genau! Und des is des Dilemma! Da Rudi is seit acht Monaten in Rente und es is a Drama! Er war 46 Jahre lang praktisch mit jeder Wasserleitung im ganzen Umkreis per Du! Und wenn oane hi war: Da Rudi hods gricht! „Wos da Rudi richt, des is dicht!", des war sei Slogan. Manchmal aa „ich hab das Ohr am Rohr!" Und etza? Etza hod er nur mehr sei Wasserleitung dahoam und de is ned amal hi! Des Richten war sei Leben! Er kimmt sich so sinnlos vor. Er hod mir erzählt, dass er scho mit dem Gedanken gspielt hod, ins Rohr von da Wasserleitung im Garten a Loch einezumacha, dass er wos zum Richten hod! Owa sei Frau hod gsagt, dann lasstsna begutachten! Und dann ist es ned ausgeschlossen, dass er für verruckt erklärt wird.

Sepp: Wahnsinn! Ja, hod denn der überhaupt koa Hobby? Briefmarkensammeln oder Wandern oder Fallschirmspringa oder wos?
Kare: Null! Wasserleitungen waren sein Leben!
Sepp: Brutal! Ja, und etza?
Kare: Sei Frau hod gsagt, er soll sich außer Haus irgendwos suacha, weil dahoam stört er permanent! Wenn sie Staub saugen will, steht er am Teppich drauf. Wenn sie kochen will, steht er vorm Ofa und wenn sie einkaufen will, fahrt er mit. Er is die personifizierte Störung!
Sepp: Gibts do keine Lösung?
Kare: Er hod Gott sei Dank a Verwandtschaft bei de Stadtwerke. Da Leiter vom Wasserwerk is a Cousin vo eam. Den bsuacht er etza öfters in da Arbeit und schaut sich stundenlang de Rohre o. Er hod gsagt, wenn amal oans hi waar, des daad er ehrenamtlich richten. Owa bis jetza war leider koans hi. Trotzdem, im Wasserwerk is er selig und sei Frau hod ihra Ruah! Des is Balsam für die Ehe! A Frau braucht nämlich aa ihre Freiräume!
Sepp: Ja eben! Zum Kocha und zum Staubsaugen!
Kare: Ned bloß des! Sie möchte aa amal a Freindin oruafa. Weil a Frau ruaft einfach gern o, viel liaba wia a Mo. Und des is aa aso a Drama mitm Rudi! Kaum hod sie des Telefon in da Hand, fragt er scho: „Wen ruafst denn o?" Und wenns fünf Minuten telefoniert, geht's weida: „Dauerts no lang? Wer is denn dran?"
Sepp: Ohne Schmarrn?

Kare:	Wennes dir sog! I kenns ja, d'Gisela. Woaßt, wos de mir erzählt hod? Letzdings wars so genervt vo seiner Fragerei, hods zu eam gsagt: „Wen i oruaf? Meinen Geliebten ruaf i o! Weil der konn aa ohne Rohr leben!"
Sepp:	Hod de an Geliebten? D'Gisela?
Kare:	Naa, des war doch a Gag vo ihr! A Verzweiflungsgag. Sie wollt damit bloß sagen, wia da Rudi sie nervt! Owa du segst: De ewige Sehnsucht nach da Rente is a Schmarrn! Samma doch froh, dassma a Beschäftigung hamm und unsere Frauen a Ruah! Schau her, mir hamm vor vier Wochen a neie Mitarbeiterin kriagt, de is 23 Jahr alt. Und scho bin i per Du mit ihr! Des is doch wos Wunderbares für an Mo in unserem Alter! Und de is tätowiert! Des passiert dir in da Rente ned! Wo willst denn als Rentner a 23-Jährige hernehma?
Sepp:	Do host du recht! A tätowierte scho zwoamal ned!
Kare:	Genau! Und drum: Frag mi nimmer, wia lang dass i no hob! I konn de Frage nimmer hörn! Mir waars liaba, i hätt no zehn Jahre! Umso mehr, umso besser!
Sepp:	Versprochen, i frag di nimmer! Des Gespräch hod mir die Augen geöffnet! Mei Sehnsucht nach da Rente is fast weg.
Kare:	Des gfreit mi! Und auf des trinkma etza no a Weißbier! *Zum Eisdielenwirt:* Francesco, uno Weizen no per favore!
Sepp:	Due Weißbierri, Francesco! Prego!
Wirt:	Kommte sofort, de Weißbier!
Kare:	Alles klar! Du, Francesco, wia lang bist etza du scho do bei uns in Pfunzenried?
Wirt:	Sinde schon 32 Jahre, Kare! Bin i hergekomm mit 29 Jahre aus Milano! Habi nie bereut das! Pfunzenried zweite Heimat geworde für mi!
Sepp:	Do schau her! Wia lang host nacha no?
Kare:	Du bist und bleibst a Depp!

Es gibt viele Weisheiten, die seit langer Zeit im Volksmund überliefert sind. Manche sind so altertümlich formuliert, dass sie junge Menschen gar nicht mehr verstehen, „jung gefreit hat nie gereut" beispielsweise. Manche Redewendungen aus uralten Märchen sind allerdings plötzlich wieder topaktuell! „Ich bin so satt, ich mag kein Blatt", sagt die hinterlistige Ziege in Grimms „Tischlein deck dich", es sagt aber in der heutigen modernen Zeit auch der vegane Mensch, der nach einem Kilo Grünzeug beim besten Willen nichts mehr hinunterbringt. Und dann gibt es noch die Weisheiten, die mir mein Großvater in vielen unvergesslichen Opa-Enkel-Gesprächen ans Herz gelegt hat. „Doude ned owe, wal es konn awl ircha kema" war eine der Weisheiten. Sie bedeutet in Hochdeutsch „Tu dich nicht hinab, weil es gibt Schlimmeres!"
„Söltn a Schohn, der wos ned aa an Nutzn hod!" Dieser Satz meines Großvaters heißt in verständlicher Form „Selten ein Schaden ohne Nutzen" und er bewahrheitet sich oft und bei vielerlei Gelegenheiten.
Zum Beispiel im Urlaub – hier ist der Beweis: Der elfjährige Sohn eines campingbegeisterten Ehepaares schreibt auf Weisung des Lehrers einen Aufsatz mit dem Titel

Mein schönstes Ferienerlebnis

Wir waren in den letzten Sommerferien beim Campen in Österreich, genauer gesagt dort, wo Österreich Tirol heißt. Mein Vater sagt, wir machen lieber bloß mehr dort Urlaub, wo er die Speisekarte im Wirtshaus lesen kann, dann wird er weniger verar..., das Wort darf man nicht schreiben, denn es ist ordinär.
Wir waren nämlich einmal in Kroatien und da hat er etwas bestellt, das hieß Pastrva, und er hat es genommen, weil er gemeint hat, es sind Nudeln, weil es so ähnlich klingt wie Pasta. Aber es war ein Fisch mit Augen. Und er hat dann überhaupt nichts gegessen, weil er hat gesagt, was ihn anschaut, das bringt er nicht hinunter. Ein Schweinshaxn ist zum Beispiel kein Problem, der hat keine Augen. Und deshalb waren wir in den letzten Sommerferien in Österreich, denn dort heißt der Fisch Fisch und die Pasta Nudel.

Man muss aber wissen, dass in Österreich auch nicht alles so ist, wie man meint. Zum Beispiel ist dort der Schinken süß und mit Puderzucker. Und er heißt nicht Hinterschinken oder Vorderschinken, sondern Palatschinken. Das ist aber eine Ausnahme, normal ist Österreichisch eine Mischung aus Deutsch und Bayrisch. Komisch ist es, wenn der Österreicher sich verabschiedet: Anstatt „Servus" sagt er „Baba"! Ali Baba bedeutet also in Österreich „Servus Ali"!

Campingurlaub machen wir, weil mein Vater sagt, das ist auf Dauer billiger als im Hotel. Und im Hotel muss er sich sowieso immer ärgern, weil immer, wenn er zum Frühstück kommt, ist das Rührei aus oder der Lachs oder beides.

Und einmal, als er auf dem Klo war, kam das Zimmermädchen herein, weil er hatte nicht zugesperrt. Da erschrak er und das Zimmermädchen auch und sie sagte „Sorry, Sir" und hielt die Luft an. Meine Mutter hat geschimpft und gesagt, ein normaler Mensch sperrt zu, bevor er groß geht.

Ich glaube es ihm nicht ganz, dass das Wohnmobil billiger ist, weil unser Nachbar ist total gescheit, denn er ist Lehrer und der hat gesagt, mit dem Geld, was es gekostet hat, hätte man ganz oft im Hotel Urlaub machen können. Normal sind wir erst im Plus, wenn mein Vater 92 Jahre alt ist und ob er da noch Camping machen will, ist nicht sicher. Wenn es dumm geht, lebt er nicht mehr und das Wohnmobil hat sich nicht rentiert.

Und deshalb waren wir zum Campen in Tirol.

In Tirol stehen überall Berge herum. Manche sind so hoch, dass sogar im Sommer noch ein Schnee oben liegt, manche so niedrig, dass nicht einmal im Winter einer oben liegt. Bei den mittelhohen ist es mal so, mal so.

Der Campingplatz, wo wir waren, war sehr schön. Es waren ganz viele Holländer dort, die erkennt man sofort an den gelben Nummernschildern am Auto. Sie selber erkennt man nicht, denn sie schauen aus wie ganz normale Menschen, nur orange. Mir ist aufgefallen, dass sie dauernd jeden Berg fotografiert haben. Mein Vater hat gesagt, das ist kein Wunder, denn in Holland ist alles flach. Ein Misthaufen ist dort schon ein Hügel, Berge gibt es gar nicht. Deshalb denken sie sich bei jedem Berg „ja mi host ghaut", aber natürlich auf Holländisch.

Jetzt werdet ihr euch denken, das kann doch nicht mein schönstes Ferienerlebnis gewesen sein. War es auch nicht, das erzähle ich jetzt!

Mein Vater hat daheim gesagt, wenn wir in Tirol sind, wandern wir jeden Tag woanders hin und am Mittag machen wir eine Brotzeit auf dem Berg und am Abend, wenn wir wieder auf dem Campingplatz sind, kochen wir uns etwas Gutes. Und zwar kochen wir gemeinsam, denn das macht Spaß und es ist ein Familienerlebnis. Ich dachte mir „pffff", denn ich mag Wandern nicht und Kochen auch nicht! Viel lieber spiele ich mit dem Handy.

Am ersten Tag sind wir noch nicht gewandert, denn wir mussten alles aufbauen und schauen, wo was auf dem Campingplatz ist. Am zweiten Tag ging es los. Mein Vater hat gesagt, wir wandern auf den Geierkogel oder Eierkofel oder so ähnlich. Der ist für den Anfang optimal, denn er hat nur Schwierigkeitsgrad mittelschwer bei festem Schuhwerk und die Wanderung dauert sechs Stunden und vier Stunden davon im kühlen Bergwald und wenn man Glück hat, sieht man einen Hirsch oder wenigstens ein Wildschwein. Aber in diesem Fall muss man Obacht geben, ob es keine Schweinemutter mit Jungen ist, weil wenn es um den Nachwuchs geht, wird das Schwein zur Sau und greift an!

Meine Mutter hat meinen Vater gefragt, ob er sich auskennt und er hat gesagt, er nicht, aber sein Handy! Da ist die Wanderroute drin im Internet, weil das Internet kennt die ganze Welt, sogar Österreich, da kann nichts passieren!

Mama hat dann gesagt, ein Plan, den man in der Hand halten kann, wäre ihr lieber, aber Papa antwortete, das verbraucht sinnlos Papier und ist nicht nachhaltig! Das Handy reicht voll.

Ich habe dann noch gefragt, ob auf dem Berg ein Schnee oben liegt und Papa hat gemeint, eher nicht, weil es ist August und hat umara 30 Grad und der Berg ist nur 1716 Meter hoch.

Da war ich ein bisserl enttäuscht, weil wenn ein Schnee oben gelegen wäre, hätte ich ihn fotografiert und dem Wumper Tobi geschickt, da hätte dieser geschaut, denn er war noch nie in Tirol, sondern nur in Hurgada!

Nach dem Frühstück sind wir losgegangen und es war schon hübsch heiß, direkt schwül. Aber Papa hat eine App auf dem Handy und die hat gesagt, das Gewitterrisiko ist nur 20 Prozent und das ist so gut wie nichts, weil dass kein Gewitter kommt, das sind dann 80 Prozent und das ist viel mehr – sagt Papa.

Kaum sind wir eine halbe Stunde gewandert, ging es schon bergauf und zwar ziemlich! Wir haben geschwitzt wie noch was, weil es war wolkenlos und die Sonne hatte freie Bahn. Als dann der Wald begann, waren wir froh über den Schatten. Aber geschwitzt haben wir trotzdem noch, weil es immer nur bergauf ging. Es kam lange kein Wegweiser und Mama fragte Papa, ob wir noch richtig sind und er sagte, er hat alles im Griff und kann jeden Meter im Handy verfolgen. Gleich kommt auf der rechten Seite eine Hütte, da müssen wir dann links abbiegen. Aber es kam keine Hütte – gleich nicht und danach auch nicht! Papa sagte, wahrscheinlich haben sie die abgerissen und das Internet weiß das noch nicht, auf jeden Fall gehen wir bei nächster Gelegenheit links, Hütte hin, Hütte her.

Die Gelegenheit kam bald und wir bogen links in einen Waldweg ab. Der ging ein Stückerl bergauf und dann bergab.

Das kam mir komisch vor, aber Papa sagte, das ist normal, denn mal geht es im Leben rauf, dann runter, und auf Bergen ist es auch so. Und das Internet ist unbestechlich und das sagte links. Und tatsächlich, mittendrin ging es wieder bergauf und wir freuten uns und schwitzten und gingen weiter, manchmal links, manchmal rechts, aber immer nach oben.

Mama sagte, dass es komisch ist, dass wir niemanden treffen, obwohl ein so ein schönes Wanderwetter ist. Da meinte Papa, das liegt daran, weil wir schon so früh aufgebrochen sind und der frühe Vogel fängt den Wurm. „Trotzdem ist es komisch", sagte Mama.

Komisch war auch, dass der Weg immer schmaler wurde und manchmal musste man sich schon ducken, dass man an keinen Ast rannte und es war nicht nur schattig, sondern dunkel vor lauter Bäumen.

„Das kann doch nicht mehr stimmen!", sagte Mama, „sagt dein Handy wirklich, dass wir hier gehen müssen?"
Da gab Papa zu, dass sein Handy schon seit einer Viertelstunde gar nichts mehr sagt, weil kein Netz mehr da ist. „Aber das ist kein Problem", sagte er, „denn wir orientieren uns an der Sonne! Denn wo die ist, da ist Süden!"
„Und was heißt das dann?", fragte ich.
„Dass da Süden ist, sonst eigentlich nichts!"
„Dann haben wir uns verlaufen, oder, Papa?"
„Wir haben uns doch nicht verlaufen, du Dummerle!", sagte Papa. „Wir gehen einfach weiter bergauf und wenn wir oben sind, haben wir den totalen Überblick!"
„Dein Wort in Gottes Ohr!", sagte Mama und wir gingen weiter.
Plötzlich war der Weg aus und vor uns war nur noch ein Gestrüpp, wo man nicht durchkam, denn es waren Brombeersträucher dabei und die haben Dornen. Dann hörten wir etwas und wir meinten, im Gestrüpp grunzt es und es ist eine Wildschweinmutter, die gleich zur Sau wird. Doch Gott sei Dank war es kein Wildschwein, sondern ein Donner. Es war nämlich nicht nur wegen den vielen Bäumen so dunkel geworden, sondern weil ein Gewitter im Anmarsch war, obwohl es eigentlich nur zu 20 Prozent hätte kommen dürfen. Aber in den Bergen sind 20 Prozent schon ein Problem.
„Und jetzt?", fragte meine Mutter und sie war nicht gut gelaunt.
„Jetzt ist es gescheiter, wir kehren um und gehen den gleichen Weg, den wir hergegangen sind, wieder zurück! Ziemlich zügig, denn in den Bergen kommen Gewitter schneller, wie man schaut!"
„Weißt du denn den Weg noch? Wir sind ja x-mal abgebogen!"
„Natürlich! Ich war bei der Bundeswehr, da haben wir Märsche in der Natur gemacht bis zum Geht-nicht-mehr! Da kriegt man ein Gefühl für das Gelände!"
Nach einer Stunde waren wir immer noch mitten im Wald und es schüttete und kalt war es auch. Meine Mutter schimpfte meinen Vater: „Gefühl für das Gelände! Dass ich nicht lache! Alle werden wir krank wegen diesem Sauwetter! Gib es endlich zu, dass du dich überhaupt nicht mehr auskennst!"

„Das Problem ist, dass das ein ganz ein tückischer Wald ist! Der ist voller Bäume und da schaut ein Baum aus wie der andere! Und dass kein Netz da ist! Und keine Sonne! Wie soll man sich da orientieren?", jammerte mein Vater, „wir gehen jetzt einfach weiter nach unten, hilft alles nichts!"
Aber wir hatten Glück im Unglück! Mittendrin kam ein Jäger mit seinem Jeep daher und fragte uns, wo wir in diesem Sauwetter herkommen und wo wir hinwollen.
„Woher wissen wir nicht genau", antwortete meine Mutter, „aber wir wollen zum Campingplatz!"
„Dann steigts ein, i fahr eich!", sagte der nette Jäger und nach 20 Minuten kamen wir an und der Jäger sagte Baba.
Im Wohnmobil trockneten wir uns ab und Mama machte eine Hühnerbrühe, damit wir nicht krank werden.
Papa sagte zu mir: „Dass du mir ja daheim nix erzählst, gell! Sonst bin ich bei meinen Kumpeln unten durch! Weil normal verlaufen sich nur Idioten, das heute war eine Ausnahme!"
„Was kriege ich dafür?", fragte ich.
„Jeden Tag im Urlaub einen großen Eisbecher und du darfst jeden Tag zwei Stunden mit dem Handy spielen!", sagte er.
Das war mein schönstes Ferienerlebnis.

Fast täglich lesen wir in der Zeitung Berichte über skrupellose Verbrecher, die betagten Menschen unter Vorspiegelung falscher Horrorgeschichten von Unfällen angeblicher Angehöriger oft ihr gesamtes Erspartes abschwatzen. „Enkeltrick" nennt sich das Ganze und es macht mich richtig wütend, dass die perfide Masche dieser Schwerkriminellen immer wieder klappt und viele arme Senioren und Seniorinnen verzweifeln, wenn sie merken, dass sie auf einen Betrüger hereingefallen sind! Wissen Sie, was ich mir wünschen würde? Dass einmal eine Oma den Spieß umdreht und den Verbrecher zur Verzweiflung bringt! So wie in der folgenden Episode, in der Oma Theres angerufen wird in der verbrecherischen Absicht, sie von Bargeld und Schmuck zu befreien. Aber die Theres ist mit ihren 81 Jahren noch fit, körperlich ziemlich und geistig sehr! Sie liest täglich ihre Tageszeitung und trifft sich jeden Donnerstag um 14 Uhr 30 zum Kaffeekränzchen mit ihren Schulfreundinnen. Da wird bei koffeinfreiem Heißgetränk und Kirschplunder auch über die brutalen Untaten falscher Enkel gesprochen. Und Theres hat sich eines ganz fest vorgenommen:

Mit mir nicht

Theres ist allein daheim, da ihr Heinrich schon seit vier Jahren (hoffentlich) im Himmel weilt. Er hat ihr neben dem Häuschen auch ein schönes Sümmchen Bargeld hinterlassen, was sie für Trickbetrüger zu einem geeigneten Opfer machen würde. Und genau ein solcher hat das Telefonbuch durchforstet und vermutet hinter dem Namen Theres Zintlmeier eine ältere hilflose Dame. Mit älter liegt er richtig, mit hilflos nicht! Das Telefon läutet, Theres hebt ab.

Theres: Ja?
Mann: *Mit gespielter Panik:* Oma, bist es du?
Theres: Scho. Wer is denn dran?
Mann: Kennst du mich nicht, Oma? Du musst mich doch an der Stimme erkennen! Oma!
Theres: Bistas du, Andi?

Mann: Ja, ich bin es, der Andi! Oma, liebe liebe Oma, *schluchzt* du musst …

Theres: *Unterbricht ihn.* Da Andi! Du host fei scho lang nimmer ogruafa! Wos is denn los, Andi? Wia gehts dir denn allaweil, Andi?

Mann: *Tränenerstickt:* Oma, es geht mir ganz schlecht! Ich bin in einer furchtbaren Lage! Du musst mir helfen, bittebittebitte!

Theres: Duat dir wos weh?

Mann: Was? Nein, mir nicht! Ich hab einen Unfall gebaut, Oma! Einen schrecklichen Unfall! Die Polizei hat mich festgenommen. Eine Frau ist schwer verletzt, ihr Kind noch schwerer! *Weint.* Es ist furchtbar! Überall Blut! Ich brauche sofort …

Theres: Dei Frau is verletzt? Bist du verheiratet? Du hast doch letzts Jahr ned amal no a Freindin ghabt. Und a Kind hast aa scho? Des is owa schnell ganga, mei liawa! Is a Bua oder a Deandl?

Mann: *Kurz irritiert:* Äh …, nein Oma, nicht MEINE Frau, EINE Frau! Bittebitte, ich sitze im Gefängnis! Es ist furchtbar! Eine Mutter verletzt, ein Kind verletzt! Oh Gott o Gott! *Kurzer Weinkrampf.* Dieser furchtbare Unfall! Ich muss 12.000 Euro …

Theres: Wo is nacha des passiert?

Mann: *Immer unsicherer:* Äh, in Bulgarien! Oma, bitte hilf mir! Ich sitze in Bulgarien in einem bulgarischen Gefängnis! Und wenn ich nicht innerhalb …

Theres: Wos duast denn du in Bulgarien?

Mann: Wie bitte?

Theres: Was tust du in Bulgarien?

Mann: Äh, Urlaub. Ich mache Urlaub!

Theres: Mit da Frau?

Mann: Nein, alleine, ich habe keine Frau! Und jetzt dieser schreckliche Unfall! Oma, ich flehe dich an, es geht um mein Leben! Bitte hilf mir!! Bittebitte! *Weint bitterlich.*

	Sie schlagen mich, die sind so brutal hier! Aber ich kann sofort entlassen werden, wenn ich 12.000 Euro ...
Theres:	Haun tun de di? Ja warum haun denn de di? Wer haut di denn? Warum haust denn ned zruck? Hau doch zruck! Lass di doch ned einfach haun!
Mann:	Die rumänische Polizei ist sooo brutal!
Theres:	Wos hod denn die rumänische Polizei in Bulgarien verloren?
Mann:	*Verwirrt:* Äh, die bulgarische Polizei natürlich, die bulgarische! Oma, ich bin ganz durcheinander! Bitte hör mir zu: Die haben gesagt, dass ich mindestens zehn Jahre Zuchthaus bekomme, weil ich schuld bin! Ich habe aber die Frau nicht gesehen. *Schluchzend:* Ich habe sie nicht gesehen! Den Kinderwagen auch nicht! Aber es gibt die Möglichkeit, dass ich zurück nach Deutschland ...
Theres:	Weilst allaweil so damisch fohrst!
Mann:	*Hysterisch:* Was?
Theres:	Weil du fahrst wia a gsengte Sau! Woaßt des nimmer? Dich hats doch damals als Bua scho dauernd mitm Radl gworfa! Du bist ja mehr glegen als gfahrn! A bluadigs Hirn, a bluadigs Knia – irgendwos war bei dir immer bluadig! D'Leit hamm gsagt ...
Mann:	*Inzwischen völlig konsterniert:* Oma, bitte! Du musst mir helfen! In Albanien versteht die Polizei keinen Spaß! Wenn die nicht innerhalb von 48 Stunden ...
Theres:	Bist etza in Albanien oder in Bulgarien? Grad warst no in Rumänien! Etza woaß i nimmer ... wo bist etza du tatsächlich?
Mann:	In Bulgarien, Oma, in Bulgarien. *Heult wie ein Schlosshund.* Das sind die Nerven, ich bin mit den Nerven total am Ende! Ich werde verrückt, wenn ich nicht bald hier rauskomme. Und ich KANN rauskommen! Aber nur, wenn du mir 12.000 Euro geben kannst. Hast du 12.000 Euro?
Theres:	Aaf da Raiffeisen ned.

Mann: Nicht? Und daheim? Wie viel hast du daheim?

Theres: Mei, den Deifl ned grad. Dass halt zum Eikaffa langt, so umara 100 Euro. Is ja alles so deier! Heitzudogs wennst an Hunderter wechselst, zack, isa scho furt! I war im Netto …

Mann: *Total enttäuscht:* 100 Euro bloß? Und Wertsachen?

Theres: 3 Rosenkränz', oaner sogar vo Fatima! Und des Moped vom Opa is aa no do, a Zündapp. „Zündapp wirft d'Leit ab", hod er immer gsagt, da Heinz! Und nacha hod er glacht wia a Gummihex! *Melancholisch:* Und etza is er scho fast vier Jahr tot, mei Heinz! Owa sei Zündapp is no do! Wer hätt des glaubt, dass de ihn überlebt!

Mann: *Frustiert, aber nicht aufgebend:* Hast du nicht mehr Geld, Oma? Eventuell wären die auch mit 8000 Euro zufrieden!

Theres: Aaf da Sparkass' hätt i 40.000 Euro. De san owa fest anglegt! De san vo damals, wia mir den Baugrund verkafft hamm hintern Friedhof! Woaßt scho, do wo dann da Grumper Gust hibaut hod mit seiner Freindin. Dann hamms gheirat und etza? Etza sans gschiedn, etza hod er den Dreg im Schachterl! An Haufa Schulden und a Haus hinterm Friedhof! Owa mir konns ja wurscht sei, i hob mei Geld!

Mann: *Plötzlich hellhörig:* Oma! Du bist ein Schatz! Du bist meine Rettung! Oma, wenn ich dich nicht hätte! Den Sparvertrag kannst du bestimmt auflösen! Wenn du einen Verlust dabei hast, den ersetze ich dir. Und die 12.000 kriegst du natürlich auch zurück, wenn ich aus der Türkei zurück bin!

Theres: Türkei?

Mann: Bulgarien natürlich! Bulgarien! Du kriegst alles zurück, die ganzen 12.000 Euro!

Theres: Etza doch 12.000? Du hast doch gsagt, mit 8000 sans eventuell aa zufrieden!

Mann: Moment Oma, ich geb dir den Polizeichef …

Ruben: *In strengem Ton:* Gudd Tag, hier sprechen Ruben Suppkoff! Scheffe von Polisei Bulgar. Andi hier, weil groß Unfall, Frau und Kind fast kaputt, Kinderwagen ganz kaputt! 12.000 Euro, dann Andi Deutschland! Wenn nicht 12.000 Euro, Andi hier bis alt Mann odrrr tot! Ende!

Mann: Hast du das gehört, Oma? Ich brauche dringend das Geld! Geh bitte auf die Bank und hol die 12.000 Euro! Und sag bitte niemandem etwas davon, sonst gefährdest du die ganze Aktion! Ich schicke dann ...

Theres: Wos war denn des für a Vogel grad? Hoaßt der echt Suppkoff?

Mann: Was?

Theres: Der komische Polizist grad. Stell dir vor, man daad des p und des f vertauschen, dann hoaßert der Suffkopp! Also manche Leit san scho gschlagen mit ihrem Nam! In Grunting wohnt a Frau, a Zuagroaste, de hoaßt Anna Nasmus. Verstehst? Anna Nasmus! Wennmas anders ausspricht, hoaßt des Ananas-Mus. *Lacht herzlich.* Nicht zum glauben, ha? Ananas-Mus! Und da ander hoaßt Suppkoff! Brutal!

Mann: *Wieder völlig verunsichert:* Oma, das ist doch jetzt egal! Es geht um mein Leben, meine Zukunft, es geht um alles! Bitte gehe gleich zur Sparkasse ...

Theres: Glei geht ned, etza kimmt dann „Sturm der Liebe"!

Mann: Oma!!! Das ist doch jetzt völlig egal! Geh zur Sparkasse, schnell! Und sag, du möchtest 12.000 Euro vom Festgeld ...

Theres: Owa do kriag i fast vier Prozent Zinsen! In da heitign Zeit!

Mann: Oma, den Verlust ersetze ich dir, wenn ich wieder in Deutschland bin! Ich schwöre es dir! Bitte geh jetzt zur Bank und besorge das Geld. Wie lange brauchst du dorthin?

Theres: Mei, is ja glei ums Eck! Fünf Minuten ... obwohl, wenn i eh scho draußen bin, i brauchert an Wirsing und gelbe Ruam! Weil i möcht morgen an Pichelsteiner macha. Du

	hast doch immer mein Pichelsteiner so gern gessn! Schad, dass du ned da bist, ewig schad! Erdäpfel und a Wammerl hob i no dahoam. Dann miassert i no in den Supermarkt, dann könnts scho a Stund dauern, bis i wieder do bin!
Mann:	Nein Oma, nein! Keinen Wirsing! Besorg das Geld und kauf ein, wenn das Geld übergeben ist! Ich schick dir in einer halben Stunde einen Polizisten in Zivil vorbei, der holt die 12.000 Euro ab!
Theres:	An Polizisten in Zivil? Wia kimmst denn zu dem? Vo Bulgarien aus?
Mann:	Moment, ich geb dir nochmal den Polizeichef, der erklärt es dir!
Ruben:	Machen Kontakt bulgar Polisei zu deutsch Polisei! Internassional! No Problem! Du geben deutsch Kontaktpolisei dem Geld, alles ok! No Problem! Andi heim dann, no Problem, ich schwör!
Theres:	Hoaßn Sie echt Suppkoff? Sans do ned in da Schul dauernd verarscht worden?
Ruben:	Nix verstähn, geben Telefon Andi!
Mann:	Oma, jetzt geh bitte gleich zur Bank, die Zeit drängt! Die Geduld der bulgarischen Polizei hat ihre Grenzen.
Theres:	Du flennst gar nimmer! Grad hast no gflennt!
Mann:	*Wieder weinerlich:* Weil ich nervlich so fertig bin! Ich habe keine Tränen mehr!
Theres:	Tränen lügen nicht, da hats amal an Schlager geben. I glaub, vom Bata Illic!
Mann:	Oma, ich kann nicht mehr! Bittebittebitte, hilf mir! Du kriegst alles wieder zurück!
Teres:	Da Michael Holm wars! Da Bata Illic war ja des mit da Michaela! War aa a scheens Liadl!
Mann:	Oooomaaa, bitte! Es geht um Leben und Tod! Du kriegst alles wieder zurück!
Theres:	Von wem?
Mann:	Na, von mir, Oma! Von deinem Andi!
Theres:	Vo mein Enkel?

Mann:	Genau Oma! Von deinem Enkel!
Theres:	Woaßt, wos des Komische is?
Mann:	Was?
Theres:	Dass i koane Kinder hob!
Mann:	*Nach kurzer Denkpause völlig wirr:* Ich bin ja nicht dein Kind, ich bin dein Enkel!
Theres:	*Nachdem sie amüsiert aufgelegt hat:* Der is ned bloß kriminell, der is aa no bläd!

Eine weitverbreitete Unsitte ist es, Menschen ins Wort zu fallen. Umso schlimmer, wenn diese Menschen gerade dabei sind, Sensationelles zu berichten! Dann sollte man die Dramaturgie der Erzählung keineswegs unterbrechen, nur weil man es vermeintlich besser weiß. So wie im folgenden Fall, als die ansonsten unauffällige Liesl in freundschaftlicher Runde dreier Ehepaare stolz ein unglaubliches Erlebnis zum Besten geben will. Leider ist auch ihr siebengescheiter bzw. neunmalkluger Gatte Hans dabei, der mit übergroßem Mitteilungsbedürfnis schon immer dazu neigte, seinen Senf zu allem dazuzugeben. Auch zu Dingen, die ihn weder betreffen noch ihn etwas angehen. Aber er meint, ohne seine Kommentare bzw. Erläuterungen ist kein Bericht komplett, denn sein Credo lautet

Eigentlich wars aso

Liesl:	Omei, i muass eich unbedingt was erzählen!
Hans:	Wos willst denn erzählen?
Liesl:	Des vom Wumper Ferdl!
Hans:	Vom Wumper Ferdl?
Liesl:	Ja, des mit seiner Frau! Im Bierzelt! Mit da Waltraud!
Hans:	Achso, des!
Liesl:	Aaf jeden Fall warn mir …
Hans:	Also i und sie! *Deutet auf Liesl und sich.*

Liesl:	Genau! Also wir zwoa warn am Samstag ...
Hans:	War des ned am Freitag?
Liesl:	Naa, des war am Samstag! Am Freitag hast doch du Vorstandssitzung ghabt vom Obst- und Gartenbauverein.
Hans:	*Überlegt kurz.* Stimmt! Da host etza du recht! Wissts, mir hamm do a Vorstandssitzung ghabt, weil es is darum ganga, ob mir die Bepflanzung von de Blumenkübel ...
Erna:	Eigentlich wollt fei d'Liesl was erzählen!
Liesl:	Genau! Eigentlich wollt i was erzählen!
Hans:	Ja guat, dann erzähl! Obwohl des vom Obst- und Gartenbauverein waar aa interessant gwesn! Weil da Max ...
Erna:	*Tadelnd:* Hans!
Hans:	*Genervt:* Jaja, i bin ja scho staad!
Liesl:	Also: Mir warn am Samstagabend beim Feierwehrfest in Runsting ...
Hans:	De hamm da Jubiläum ghabt!
Liesl:	Genau, de hamm do so a Jubliäum ghabt ...
Hans:	140 Jahre Freiwillige Feuerwehr Runsting! A lange Zeit! Vorher hods ja koa Feierwehr ned gegeben!
Sepp:	War a mords a Fest für aso a kloans Dorf!
Hans:	Des kannst laut sagen! Runsting hod ja höchstens 1000 Einwohner! I glaub, de san sogar bloß dreistellig.
Sepp:	Owa feiern wia a Großstadt! A 4000-Mann-Festzelt hamms aufgstellt!
Liesl:	Derf i jetza weidaerzählen oder ned?
Rosl:	Owa ehrlich! Etza lassts halt amal de Liesl weidaerzählen!
Sepp:	A 4000-Mann-Zelt!
Erna:	*Scharf zu ihrem Gatten:* Sepp!!!
Sepp:	Moan ja bloß! Also Liesl, erzähl!
Liesl:	Äh ... ja. Also, mir sitzma in dem Festzelt, essma a Gockerl ...
Hans:	DU hast a Gockerl gessn! I hob a Schaschlik gessn und dann als Dessert zwoa Lachssemmeln. I sog allaweil: „A Lachssemmel is a Lachssemmel!" Owa mit viel Zwiebel! Weil da Zwiebel ...

Liesl:	Etza lass mi bitte weidaerzählen!
Hans:	*Erneut genervt:* Jaaa, erzähl! Owa sie warn echt guat, de Lachssemmeln!
Liesl:	Aaf jeden Fall essma grad, kimmt da Wumper Ferdl daher und sagt: „Habts ihr mei Waltraud gseng efentunell, hicks?" Und man hod scho gmerkt, dass er wos trunka ghabt hod. Und nicht wenig!
Hans:	Des hodma voll gmerkt! Beim Ferdl merktma des an da Flüssigkeitsabsonderung! Er hod ja scho vo Haus aus a feichte Aussprache, owa am Samstag – brutal! Liesl, sags: brutal!
Erna:	Mensch, Hans, lass halt d'Liesl erzählen! Liesl, wars echt so schlimm?
Liesl:	Scho! I hob direkt so a Art Sprühregen aaf meiner Brille ghabt! Greislich! Wie a Lama, eine Speiberei zum Grausen!
Rosl:	Ja pfui Deifl!
Liesl:	Gell! Und dann ...
Hans:	I hobs ja da Liesl scho hundertmal gsagt, sie soll sich Kontaktlinsen kaffa! Dann konn des ned passiern mit dem Sprühregen! Aber nein, sie rennt allaweil mit da Brilln umananda! Im Winter, wenn de vo außen an warmen Raum betritt, de is quasi blind, weil de Brilln dermaßen olafft! Eines Tages rennt de no stockvoll an einen Tisch dro. Hundertmal hob i ihr des scho gsagt! Eines Tages schepperts und dann liegst do und d'Brilln is aa no hi!
Kare:	Liesl, do muass i dem Hans recht geben! Kaaf dir Kontaktlinsen!
Rosl:	Kare! Etza misch du di ned aa no ei! Lassts halt in Gottes Namen da Liesl de Gschicht fertig erzählen! Ihr Büffeln ihr! Liesl, bitte erzähl weida etza, i bin scho ganz gspannt!
Liesl:	*Leicht aus dem Konzept geraten:* Äh, wo war i stehblieben?
Hans:	Wia da Wumper Ferdl sei Waltraud gsuacht hod! Soll i weidaerzählen?

Liesl:	Nein! I erzähl de Gschicht! Etza lass mir bitte aa amal a Gschicht erzählen!
Hans:	*Schnippisch:* Ja bitte, dann erzähl! Owa schau, dass du heit no fertig wirst!
Liesl:	I waar scho fertig, wenn du mi ned immer unterbrechen daaderst!
Rosl:	Des stimmt! Liesl, etza erzähl!
Liesl:	Also, da Wumper Ferdl kimmt daher, wie gesagt, ziemlich bsuffa. I daad sagen, der hod scho locker vier Mass ghabt ...
Hans:	Des langt ned! Aso wia der beinand war, war der vorher scho in da Bar! Ohne Schnaps kriagst koan so an Rausch ned. Hundertprozentig war der scho in da Bar! De hamm nämlich a Bar ghabt! Aperol Spritz 5,50 Euro, Schnaps pauschal 3 Euro! I mog ja bloß de klaren Schnäpse, ned des siaße Zeig! An Obstler oder ...
Rosl:	*Sehr vorwurfsvoll:* Hans!
Hans:	I sog ja bloß! Mit vier Mass alloa schaust du ned aso aus wia da Ferdl ausgschaut hod! Der hod ja ausgschaut, dass du sagst: „Gibts des?" Do war Schnaps im Spiel! Mehrere!
Erna:	Hans!!!
Hans:	*Schmollend:* Jaaa, is scho guat! Bin ja scho staad!
Liesl:	Auf jeden Fall war da Ferdl auf der Suche nach seiner Waltraud. Dann sog i: „Ferdl, es duat mir leid, i hob dei Waltraud ned gseng! Den ganzen Abend no ned."
Hans:	Und des war die Wahrheit! Mir hamm de Waltraud den ganzen Abend ned gseng! Dann sagt d'Liesl ...
Liesl:	Des konn i doch selber erzählen, wos i dann gsagt hob! Also, dann sog i: „Wo host denn dann die Waltraud des letzte Mal gseng?" Dann sagt er: „Des wann i wüsst! Irgendwo hobes gseng, owa wo, das ist hier die Frage!" Und gschwankt hoda und da Sprühregen is aaf mei halberts Gockerl niederganga.
Hans:	Aaf mei Schaschlik scho aa! I hob mir denkt, der wenn etza ned glei de Soaferei aafhört, dann hau eam des

	Schaschlik zamt da Soß aaf sei Plattn auffe! I war dermaßen grantig, des konn sich kein Mensch vorstelln! So ein bsuffana Hanswurscht! I daad sagen, etza ...
Erna:	Etza bist staad! Lass bitte deiner Frau ihra Gschicht fertig erzähln! Des gibts doch ned! Dauernd fallst ihr du ins Wort!
Hans:	Eigentlich wars aso: Da ...
Liesl:	*Zornig:* Etza lasse mich bitte meine Geschichte erzähln! BITTE!
Kare:	Hans, etza reds Hochdeitsch! Etza wirds grantig! *Gönnerhaft zu Liesl:* Host scho recht Liesl, lass dir nix gfalln!
Rosl:	Red du ned so schlau daher, Kare! Liesl, etza erzähl, wia is dann weidaganga?
Liesl:	*In froher Erwartung ihrer eigenen Erzählung grinsend:* Dann kimmt da Schornschneider Schorsch daher ...
Sepp:	Omei, da Schorsch! Da Schorsch is a ganz a Hinterkünftiger! Traun derfst eam ned, dem Schorsch, traun derfst eam nicht! Der wenn drei Sätze sagt, dann san vier gelogen!
Hans:	Da Schorsch, der hod scho Sachen gliefert, do schnallst du ab! Der is amal ins Rathaus ganga aufs Fundamt und hod gsagt, er hod an Hunderter verlorn. Dann hodna da Beamte gfragt: „Wo und wann haben Sie den Hunderter verloren, Herr Schornschneider?" Dann sagt er: „Gestern abend beim Schafkopfen!" So is da Schorsch, do kannst du nix macha! Owa bös sei konnst eam aa ned! I daad sagen, ein sympathischer Depp!
Kare:	I bin ja mitm Schorsch in d'Schul ganga! Also vorübergehend, weil er is dann sitzenbliebn. I könnt eich Sachen erzähln! Eines Tages hod da Schorsch ...
Rosl:	*Laut und zornig:* Etza sei amal staad! Mensch Meier! Die Liesl erzählt a Gschicht! A spannende Gschicht! Und ihr drei quatschts dauernd dazwischen! Habts denn ihr überhaupt koan Anstand ned? Liesl, wia is dann weidaganga?
Liesl:	*Immer verwirrter:* Äh ... wia is dann weidaganga?

Hans: Woaßtas nimmer?

Liesl: Natürlich woaßes no! Also, es war dann aso: Da Schornschneider Schorsch hod zum Wumper Ferdl gsagt: „Ferdl, olter Saugnapf, wos is los? Warum schaust du, wia wenn der d'Hühner 's Brot gnumma hätten? Dann sagt da Wumper in seinem Saurausch: „Schorsch, hicks, es is a Rätsel! Es is einfach ein hicks Rätsel. Meine Wal hicks traud is weg! Futschikato! I woaß nicht, wo mei Waltraud is! Woaßt du efentunell, wo mei Waltraud is, hicks? Wenn nein, sags mir sofort! Wenn ja, dann konnma nix macha! Hicks!"

Hans: Genau so wars! I konn des bezeugen, i war ja dabei! Genau so wars, wörtlich! Und etza wirds hint höher wia vorn! Sagt ned da ...

Liesl: Lass des bitte mi erzählen! BITTE! Red halt ned IMMER dazwischen!

Rosl: *Gespannt:* Wia is dann weidaganga, Liesl? Etza bini fei total gspannt, erzähl!

Liesl: *Stolz, weil alle an ihren Lippen hängen, außer Hans, der das Ende schon kennt:* Dann sagt da Schorsch ganz ernst: „Ferdl, des duat mir etza direkt leid, dass i dir des sagen muass! Owa unter Freunden sagt man sich die Wahrheit und drum muass i dir des sagen, wie es ist! Ferdl, du muasst etza ganz stark sei, ganz stark!" Dann schaut da Ferdl mit seine glasigen Augen wia a Singerl, wenns blitzt und sagt: „Hicks! Um Gottes willen, wosn los, Schorsch? Is da Wal hicks traud wos passiert? Wosn los, Schorsch? Sag es mir, verschone mich nicht!"

Hans: Genau so wars, ein Wahnsinn! Und dann ...

Rosl: Hans! Bitte lass dei Frau erzählen!

Liesl: Dann sagt da Schorsch: „Ferdl, mein Kamerad! Es duat mir in da Seele leid, aber deine Gattin schmust hinter dem Festzelt mit dem Fiesler Fonse! Und zwar in einer Art, dass man sagen muass, es geht in Richtung sexuell!" Da Ferdl is schlagartig ausgflippt! „Mit dem Fiesler? Mit dera Dregsau? Der rennt doch jedem Lebewesen nach,

	des wo einen Bu hicks sen hod! Den hicks schnapp i mir! Dem setz i einen Masskruag auf, dass eam da Henkel vo de Ohrn aussakimmt!" Und furt war er!
Erna:	Ja Wahnsinn! Waaaahhhnsinn! Und dann? Erzähl, und dann?
Hans:	Nix dann!
Rosl:	Wos „nix dann"?
Hans:	An dera ganzen Sach war nix dran! Weil da Schorsch …
Liesl:	Bitte lass mi fertig erzählen!
Hans:	Ja guat, wennst moanst!
Liesl:	Da Schorsch hod des frei erfunden! Der wollt bloß den Ferdl zum Narren halten! So wia er des halt immer macht mit alle Leit! Da Schorsch is und bleibt a Schlawiner, a ganz a hinterkünftiger! Wenn er irgendwen in den Wahnsinn treiben konn, des gfallt eam!
Rosl:	Ja, wo war denn dann d'Waltraud?
Liesl:	Dahoam! De war de ganze Zeit dahoam, weil da Ferdl war alloa aaf dem Fest! Drum war er ja so bsuffa, mangels Aufsicht! Und wia da Saurausch dann zum Atomrausch worden is, hod er vergessen, dass sei Waltraud ned dabei is und hods gsuacht! Und da Schorsch hod diese Notlage ausgnutzt und hod eam de Story vom Pferd erzählt, beziehungsweise vom Fiesler Fonse.
Erna:	Ja, und etza?
Liesl:	Nix etza, des wars!
Hans:	Also, eigentlich wars ja aso, eigentlich hod ja des Ganze eine Vorgeschichte! A ganz a lustige! Mir hamm nämlich …
Rosl:	*Schaut auf die Uhr.* Oh, so spät scho! Wia die Zeit vergeht! Mir miassmas packa! Sorry, Hans!

Die anderen Gäste müssen auch dringend weg und werden nie erfahren, wie es eigentlich war. Denn das weiß wie immer nur Hans.

Keine Kultur

Kare: Etza gehts wieder los mit dera Urlauberei. „Urlaubssaison eröffnet" hamms heit in de Nachrichten gsagt. Weil bei de Preißn san scho Sommerferien.

Sepp: Jaja, de san allaweil früher dran. Owa dafür hamm mir in Bayern dann länger, des gleichts wieder aus.

Kare: Aus gegebenem Anlass war heit bei uns in da Zeitung ein drumm Bericht drin über Urlauber in aller Welt, wos des teilweise für Deppen san.

Sepp: Inwiefern Deppen? Man konn aa a Depp sei, ohne dassma Urlaub hod!

Kare: Ja scho, scho klar. Owa in dem Bericht is drum ganga, wia man sich im Ausland als Urlauber benimmt, aso a Urlauber-Knigge praktisch.

Sepp: Aha! Und wia benimmt man sich im Ausland als Urlauber?

Kare: Des is verschieden! Zum Beispiel im Wirtshaus muasst du wissen, wia viel Trinkgeld in bestimmte Länder üblich is. Zum Beispiel in Japan koans, dafür in Amerika mindestens 10 Prozent, eher mehr! Da Japaner is beleidigt, wenn du ihm a Trinkgeld gibst, da Amerikaner, wenn du ihm koans gibst.

Sepp: Interessant!

Kare: Gell! Und aa bekleidungsmäßig muassma Obacht geben! Du konnst zum Beispiel keinesfalls in Rom im Minirock in a Kircha einegeh, des gehört sich nicht!

Sepp: I daad aa in Deitschland ned im Minirock in a Kircha einegeh! I daad mi in Grund und Boden schaama! Scho wega meine haarigen Haxn.

Kare: I moan ja jetza Frauen! Und in arabische Länder is ganz krass, aa für Männer! Auf keinen Fall in kurzer Hose in aso a Moschee einegeh! Frauen im Minirock san vo Haus aus tabu!

Sepp: Des hob i scho gwisst, des is amal am Fernseh kema. Do hamms wos bracht vo Kamelrennen und do is des aa vorkema.

Kare: Dann woaßt ja Bescheid! Und in Singapur wennst an Kaugummi aaf d'Straß speibst, dann sperrns di ei, bis du schwarz wirst! Und a Geldstrafe, dass dir d'Augen tropfen!

Sepp: Andere Länder, andere Sitten! Owa schaden duats ned, wenns sauber is!

Kare: Und do gibts no viele Punkte, de du als Deitscher im Ausland beachten muasst, dass du ned unangenehm auffallst oder gar straffällig wirst wia mit dem Kaugummi in Singapur! Die Regel lautet: Immer vorher mit den Gepflogenheiten vertraut machen und sie befolgen!

Sepp: Man sollt owa aa UNSERE Gepflogenheiten befolgen, wennma bei UNS in Urlaub is!

Kare: Wia moanst jetza des?

Sepp: I hob amal an schweren Verstoss gegen unsere Gepflogenheiten beobachtet!

Kare: Ehrlich?

Sepp: Wennes dir sog! I bin amal beim Feierwehrfest im Bierzelt gsessn und an mein Tisch is a Preiß ghockt mit Lederhosn und Filzhuat.

Kare: Noja, sooo schlimm is des aa wieder ned! Soll er halt a Lederhosn oziagn, wenn er moant! Und wenn er mit dem Sepplhuat bläd ausschaut, des is sei Problem!

Sepp: Um d'Lederhosen und den blädn Huat gehts ja gar ned! Der Verstoß gegen unsere Gepflogenheiten war folgender: Der hockt beim Feierwehrfest mit Lederhose im Bierzelt und bstellt sich bei da Bedienung, de wo 13 Maßkrüge aaf einmal tragen konn, a kloane Apfelschorle!

Kare: Des is natürlich brutal! Des is fast wia da Kaugummi in Singapur!

Ende des Regenbogens

Sepp: Aso a Spaziergang, wenns Gewitter ume is, des direkt Balsam für d'Lung! De frische Luft, so würzig!

Kare: *Atmet tief durch.* Do host du recht, Sepp! Und schau dir den wunderbaren Regenbogen o! Des is Natur pur. Sowos segst ja du in da Großstadt gar nimmer!

Sepp: *Schwärmerisch:* Meiiii, wenn i den Regenbogen oschau, dann denk i spontan an mei Kindheit zruck!

Kare: Früher warn ja de Regenbögen no schöner wia heit! Vo de Farben her.

Sepp: Des woaß i ned! Owa i hob amal a Erlebnis ghabt mit an Regenbogen, des vergiss i ned.

Kare: A Erlebnis? Wos nacha?

Sepp: Mei Opa hod immer gsagt: „Sepperl, wenn du an Regenbogen segst, dann muasst du so schnell wia möglich zu seinem Ende hirenna, do wo er d'Erde berührt! Genau durt liegt wos! Do wirst schaun! Oder fahr liaba mitm Radl hi, dass du ned zu spät kimmst und da Regenbogen scho weg is!"

Kare: Jaja, des hod mei Großvater aa immer gsagt, dass do wos liegt!

Sepp: Und eines Tages wars so weit: ein Superregenbogen! I aaf mei Radl auffe und im Schweinsgalopp Richtung Ende des Regenbogens gfahrn. I war scho dermaßen gspannt, wos do liegt.

Kare: Und? Is natürlich nix durtglegn, oder?

Sepp: Doch doch! Und da Opa hod recht ghabt, do hob i gschaut!

Kare: Wos is nacha durtglegn?

Sepp: I! Weil do war a Dreglacka vom Gewitter, do bini mitm Radl grutscht, dann hods mi gschmissn und dann bin i durtglegn! Wos glaubst, wia i do gschaut hob!

Duselbauer

Kare: Sepp, host heit scho d'Zeitung glesn?
Sepp: Naa, heit no ned. I hob glei in da Friah an Arzttermin ghabt wega dem Ohrensausen, i hob ned amal frühstücken kinna. Aafs Klo geh is grad no ganga.
Kare: Aaf jeden Fall steht heit im Polizeibericht ein Fall drin, des is da Wahnsinn!
Sepp: Erzähl!
Kare: Hamms oan gstoppt, weil er eine unsichere Fahrweise ghabt hod.
Sepp: Bsuffa, oder?
Kare: Nicht nur das! Der war bsuffa UND der stand unter Drogeneinfluss! Gleichzeitig!
Sepp: Wahnsinn!
Kare: Es geht no weida! Er hod während der Fahrt mit sein Handy telefoniert!
Sepp: Leit gibts!
Kare: Und sei Auto war ned zugelassen und ned versichert!
Sepp: Also mehr geht ned!
Kare: Doch! Er is verkehrt in a Einbahnstraß einegfahrn!
Sepp: *Schüttelt den Kopf.* Also oans is klar: Der kriagt sein Führerschein so schnell nimmer!
Kare: Wos des betrifft, hod er Glück ghabt, weil so oan hoda aa ned!

Augen auf bei der Hemdenwahl

Sepp: Servus Kare! Wos treibst allerweil aso?
Kare: Gestern war i am Volksfest!
Sepp: Und? War de Bratwurstsemmel mit mittelscharfem Senf guat?
Kare: *Verwundert:* Scho. Owa woher woaßt denn du, dass i a Bratwurschtsemmel mit mittelscharfem Senf gessn hob? Schmeckst des an meinem Atem?
Sepp: Naa, des seg i an deinem weißen Hemd!

Kränkliche Verwandtschaft

Gestern hob i a Mail kriagt. Von an Notar in London, Sir James Oneb Omug hod er ghoassn, a typischer Engländer quasi.
Und er schreibt, dass er mir gratuliert, weil i ab sofort „ein reich man" bin. Warum? Weil i in der glücklichen Lage bin, dass a gwisser Georg J. Lauerer gestorben is. Des an sich is no koa Glück, aber: Da Georg J. hod 3,8 Millionen (in Worten: an Haffa Göld) englische Pfund hinterlassen! Und etza kimmts: Da Sir James Oneb Omug hod weltweit recherchiert und festgestellt, dass i da oanzige Erbe bin. Wahnsinn, ha?
Weil da Georg J. war unverheiratet und kinderlos, owa sei Großvoda is von Hinterfrunzing aaf London ausgwandert und durt durch viel Fleiß als Bierbrauer reich worden. Also ned direkt als Bierbrauer, owa er hod de Tochter vom Brauereibesitzer geschwängert und dann geheiratet und dann die Brauerei geerbt. Und sei Voda hod des Vermögen vermehrt, weil gsuffa wird immer, aa in England, und Georg J. is praktisch scho reich aaf d'Welt kema und no reicher gestorben.
Des Geld liegt im Prinzip abholbereit in London aaf da „Royal British Economy Bank". Owa i brauch ned extra aaf London und es waar aa viel zu kompliziert wega Brexit und so weiter und so fort. Er, da Sir Dingsbums, daad des alles für mi regeln. I brauch

bloß 9875 Euro und 40 Cent aaf sei Konto überweisen als Transfergebühr und Verwaltungskosten und bis i schau, bin i a „reich man"! „Congratulations, Mr. Lauerer", hod er gschrieben, des hoaßt so viel wie „Hut ab, Done!"

I werd de 9875 Euro und 40 Cent liawa ned überweisen, weil wos daad i mit 3,8 Millionen Pfund. Mir is de Währung unsympathisch, weil de klingt so nach Übergwicht.

Wos mir allerdings Sorgen macht, is da Gesundheitszustand vo meiner weitschichtigen Verwandtschaft, weil des war etza da fünfte Auslands-Lauerer innerhalb vo vier Wochen, der gstorben is: da Mobutu Lauerer aus Nigeria (7 Millionen Dollar), da Phong Choi Lauerer aus Hanoi (57,4 Kilo Gold), da Diego Gonzales Lauerer vo Lima (3 Millionen Dollar und 800 Hektar Weideland in Peru inkl. Edellamazucht), ein Pariser namens Jean-Jacques Lauerer (5,2 Millionen Euro und a Parfümerie) und etza aktuell da Georg J. Lauerer mit de 3,8 Millionen Pfund.

Hoffentlich liegt des ned an unsere Gene! Des Sterben moane, ned de Neigung zum Reichtum!

„Einbildung ist auch eine Bildung" heißt ein alter ironischer Spruch. Was das Geschlecht, dem ich angehöre, betrifft, muss ich zugeben, dass wir Männer uns oft etwas einbilden. Und wir verspüren den Drang, diese Einbildung an unsere Geschlechtsgenossen weiterzugeben. An Frauen geben wir sie nicht gerne weiter, da Frauen solche Einbildungen als das erkennen und entlarven, was sie sind, nämlich Einbildungen! Darum werden diese Dinge nur unter Männern besprochen, denn von diesen kann man Verständnis erwarten, weil sie Schicksalsgenossen sind. Natürlich nicht in allen Fällen, aber auf jeden Fall, wenn sich die Einbildung auf das weibliche Geschlecht bezieht. Man möchte meinen, dass diese männliche Eigenschaft in dem Moment nachlässt, in dem der von der Natur in uns programmierte Auftrag, unsere Gene auf möglichst angenehme Weise und möglichst oft weiterzugeben, erfüllt oder nicht mehr möglich ist. Dem ist nicht so! Wir bilden uns im Hinblick auf unsere Wirkung auf Frauen etwas ein, solange wir leben. Ich habe zumindest noch keinen Mann kennengelernt, bei dem es anders ist, und ich gebe zu, dass ich dabei mich mit einschließe. Immer wieder sind wir uns sicher, bis zum bitteren Ende denken wir:

Do waar bestimmt wos ganga

Drei Freunde, die sich schon seit der Schulzeit kennen und trotz räumlicher Entfernung immer in Verbindung geblieben sind, haben sich nach längerer Zeit wieder einmal auf eine gepflegte Halbe und einen ebenso gepflegten „Schmaatz" verabredet. Und zwar im Bistro „Chez Rudolph", das früher „Beim Easy" hieß. Damals waren halbe Hähnchen mit Semmel, Schaschlik oder Currywurst mit Pommes, bekömmlich „owegschwoibt" mit Cola-Weizen, der Hit bei den jungen Gästen, heute sind es Veggie-Burger und zuckerfreie Ingwer-Limetten-Schorle. Seit der Schulzeit sind viele Jahre vergangen und die Kameraden nähern sich unaufhaltsam dem Rentnerdasein. Aber trotzdem und auch angesichts einiger altersbedingter Wehwehchen sind Hans, Franz und Anton der Meinung, dass sie noch alles könnten, wenn sie wollten. Sie dürfen aus personenstandsbedingten Gründen (verheiratet) bloß nicht wollen.

Hans: Schee, dassma wieder amal beinand sitzen an da Theke beim Easy. Mei, des warn Zeiten, ha? Wos hamma mir do gsutta und wos warn do für affengeile Bedienungen herinnen in de frühen 80er Jahre! Des war UNSERE Zeit! Und da Easy, unser Easy! Ein einmaliger Wirt! Graucht wia a böhmischer Dampfzug! Da Easy war immer bewölkt.

Anton: I hob den Easy nie ohne Zigrettn gseng, nie! Und immer hod er sei selberdrahts Kraut graucht! Gstunken hods, als hätt er seine Zehanägl mit einedraht!

Franz: Genau, pfui Deifl, war des ein greislicher Dampf! Owa schee wars scho!

Anton: Total schee! Und wisstses no? Pro Abend Minimum 10 Jim-Beam-Cola hod da Easy einegsaugt, Minimum! Sei Spruch war immer: „Alkohol, die Ursache vieler und die Lösung aller Probleme!" Mei, da Easy! Saugfähig wie ein Schwamm! Der muass a Leber ghabt haben wie ein Elefant!

Franz: Wia gehts eam denn, dem Easy? Hans, du miasserst des wissen, du wohnst ja no do!

Hans: Geht eam ned bsonders – letzts Jahr is er gstorben!

Anton: Ah geh! Schad um eam! Wia alt war er denn?

Hans: 81 knapp!

Franz: *Melancholisch:* Die Besten sterben jung!

Anton: Genau! D'Welt is ungerecht! Owa etza damma ned Trübsal blasen! Kinnts eich no an de Bedienung erinnern, de mit de langa Fiaß und de kurzen Röcke?

Hans: De blonde? D'Rosi?

Franz: Genau, d'Rosi! Leck mich fett, war des ein Gschoss! De Figur! Und de wollts ja wirklich wissen, total keck war de!

Anton: Genau, de wollts wissen! I woaß no ganz genau: Wenn de sich buckt hod, dann hod doch da Grunzer Girgl immer gschrien: „Rosi Rosi – i seg dei Hosi! Mir gfallt dei Blusi – magst mit mir schmusi?"

Franz: *Lacht.* Genau! Mei, war der Girgl ein Volldepp! A direkter Weiberschreck! Is er verheiratet, da Grunzer? Gibt es eine Grunzerin?

Hans: Ach wo! Den Büffel wollt doch koane! Er verdient owa ned schlecht als Mauerer, drum fliagt er jedes Jahr vier Wocha aaf Thailand!

Anton: Scho klar, Thailand! Er! Da alte Schweinigl!

Hans: Genau, er! „Amore im Fernen Osten – großer Spaß und kleine Kosten!" Des sagt er immer! Der gibt seine Sauereien sogar no zua, der Depp!

Anton: Kein Niveau! Mir drei zum Beispiel, mir hamm ein Niveau! Mir hamm damals scho ein Niveau ghabt!

Hans: Des hamm die Damen aa gspannt, dass mir ein Niveau hamm! Die Rosi hod oft zu mir hergschaut, richtig sehnsüchtig! Do waar bestimmt wos ganga. Owa i war einfach zu sehr Gentleman damals. Und ehrlich gsagt: Schüchtern aa! Mir war ja damals ned bewusst, dass i guad ausschau.

Anton: Is ja mir ned anders ganga! Mi hods aa oft ogschaut, die Rosi! Owa i hob nix gsagt, weil i damals no a glatter Depp war. Owa bestimmt waar do wos ganga!

Franz: Hundertprozentig! Zu mir hods amal sogar gsagt: „Franz, du bist manchmal ziemlich nett!"

Anton: Ohne Schmarrn?

Franz: Wennes dir sog! I wenn ned so bläd gwesn waar, do waar wos ganga! Owa wiama halt mit 16 is: sexuell dumm wie ein Pfund Salz! Der Körper total willig, der Geist mehr als schwach!

Anton: Heit hättma de Erfahrung, owa nimmer de Chancen! Und aa von da Kondition her daad i für mi nimmer d'Hand ins Feier legen!

Franz: Mei, d'Rosi wird etza aa scho um de 70 sei! I woaß ned, ob de no a Chance waar oder eher a Bedrohung.

Anton: I moan doch ned d'Rosi! I moan de heitigen Deandln! Heit daad i wissen, wiama charmant an Kontakt aufbaut. Owa unseroaner wird ja von der jungen Damenwelt ned amal ignoriert!

Hans: Also des stimmt nicht! I war vor vier Wochen Gast bei einer Hochzeit, weil mei Neffe hod gheirat.
Franz: Do schau her!
Hans: Jawohl! Und do war oane durt, de war so circa 35 Jahr alt, eventuell aa scho 40. Eine Superfrau, alle hamms ogschaut! Ein Kleid an, so minz ...
Franz: Minz? Was is des für a Farb?
Hans: So grünlich, wia Pfefferminze!
Franz: Do sagtma owa mint, ned minz!
Hans: Des is jetza zweitrangig! Etz passt aaf, etz kimmts: De war alloa do, vollkommen unbemannt!
Franz: Jamei, des kimmt vor! Wird halt ihra Mo koa Zeit ghabt haben!
Hans: De war solo, des hodma direkt gseng! Ich vermute, dass de frisch geschieden war und einen Bedarf ghabt hätte!
Anton: An Bedarf? An dir? *Lacht.* Etza derfst owa aafhörn!
Hans: Brauchst gar ned lacha! I konns beweisen! De hod nämlich wiederholt zu mir hergschaut, so nach dem Motto „hey!". So auffordernd. Gierig irgendwie.
Franz: Ehrlich?
Hans: I liag ned! Und dann hob i mir denkt, etz is scho wurscht, etza geh i aafs Ganze! Und dann hobes zum Tanzen gholt. Bei „Griechischer Wein"!
Anton: Und dann?
Hans: Dann hamma getanzt, is doch logisch! Und dann hamma uns unterhalten und sie is vo Geiselhöring.
Anton: Gäuboden praktisch. Do sans nicht arm! De waar wahrscheinlich aa pekuniär ned uninteressant!
Hans: Genau! Und etza kimmt da Hammer: Sagts zu mir, dass i ein interessanter Mann bin!
Franz: Oläck! Des is eindeutig! Do waar wos ganga!
Hans: Gell! I hob mir schlagartig denkt: „Kruzenäsn, und i Pechvogel hob mei Gisela dabei!" Des is de Chance meines Lebens und neben mir hockt d'Gisela! Nix gega d'Gisela, grundsätzlich, owa in dem Fall war ihre Anwesenheit ungünstig! Und unnötig!

Anton: Wos host nacha gsagt zu da Gäubodnerin?
Hans: Die Wahrheit, hilft ja nix! „I bin ein verheirateter Mann!", hob i gsagt, „durt hintn sitzt mei Gisela!" Und dann hob i zur Gisela higwunken, weil sie hod a weng kritisch hergschaut. I woaß aa, warum: Weil nach „Griechischer Wein" hamms „Weine nicht, kleine Eva!", gspielt, des is mehr langsam, direkt romantisch! Do wird da Tanz dann scho relativ körperlich, man kimmt sich näher.
Franz: Und wos hod dann sie gsagt, dei Tänzerin vo Geiselhöring?
Hans: Dann hods gsagt: „Ihre Gattin ist eine glückliche Frau!" Ein Wahnsinn!
Franz: Do waar tausendprozentig wos ganga! Jede Wett'! De war bratfertig!
Anton: I glaub aa!
Hans: Aber wie gesagt: Gisela im Beobachtungsmodus!
Franz: Männer, i sog eich oans: Mir san für junge Frauen interessanter, als wir moana! I war aaf Reha wega da Bandscheim ... *grinst vielsagend* ... mein lieber Herr Gesangsverein!
Hans: Erzähl!
Anton: Ja, erzähl!
Franz: Okay. Also, i war aaf Reha, weil i hob doch mein dritten Bandscheibenvorfall ghabt.
Anton: Den dritten scho? Wiama uns vor zwoa Jahrn des letzte Mal troffa ham, wars erst oaner!
Franz: Mei, in zwoa Jahrn fällt einiges vor, zum Beispiel a Bandscheim! *Grinst.*
Hans: *Lacht.* Du und deine Wortspiele! Du warst scho in da Schul aso a Kasperl!
Anton: Des stimmt! Amal host drei Zwetschgen dabeighabt und hostas dem Lehrer aaf sei Pult glegt. De linke und de rechte Zwetschge warn grün und de in da Mitt' war blau. Dann hod da Lehrer gfragt, wos des soll, dann host du gsagt, des is de mittlere Reife. Aaf sowos kimmt bloß

a kranks Hirn! Nix für unguat, owa mir fallert aso a Schmarrn nie ei!

Hans: Mir aa ned, owa etza erzähl!

Franz: Genau. Wias halt aso is, abends nach dem Abendessen sitzma im Rehastüberl no zamm aaf a Halbe, de Weiber eher aaf a Weißweinschorle. Und rein zufällig war an dem Tisch, wo i gsessn bin, no a Platz frei, direkt neba mir! Kimmt a junge Frau, a bildsauberne, eina und fragt, ob do no frei is. Und i natürlich: „No freilich, schöne Frau, haude her, es freut mich sehr!"

Anton: Schleimer!

Franz: Charmeur hoaßt des, ned Schleimer! Dann sitzt sich de Dame her und sagt spontan zu mir: „Griaßde, i bin d'Sabine!" Und lächelt dabei wia ein Engerl.

Hans: Do waar wos ganga!

Anton: Aso a Schmarrn! Bloß weil oane griaßde sagt, geht doch ned glei wos!

Hans: Owa gelächelt hods aa! Des is doch a Zeichen!

Franz: Etza warts ab, des geht no weida! De hod den ganzen Abend fast nur mit MIR gred! Sie hod erzählt, dass sie 29 Jahre alt is und dass sie do is wega einer Sportverletzung, weil sie spielt Volleyball. I hob dann vo meine Bandscheim erzählt und es war a netter Abend! Und zum Schluss hods gsagt, dass des schade is, weil mir hamm uns etza so nett unterhalten und moang is ihra Reha aus.

Hans: Aso a Pech! Do waar wos ganga! Host ned gfragt, obs mit dir no an Absacker trinkt auf dein Zimmer? Weil do waar dann hundertprozentig wos ganga!

Anton: Des glaub i aa. Weil des mit dem letzten Tag, des war a Zeichen! Sie wollt praktisch damit sagen: „Letzte Chance! Heute oder nie!"

Franz: Ihr habts recht, Männer, ihr habts recht! Owa i war dermaßen baff, dass i des ned gschnallt hob. Und fünf dunkle Weizen warns aa, do isma geistig nimmer so flexibel. Am naxtn Dog hamma uns dann no verabschiedet und do hods mi sogar druckt! Stellts eich des vor!

Hans: Do waar tausendprozentig wos ganga in da Nacht! Wahrscheinlich hods in ihrem Zimmer no gwart aaf di und du bist ned kemma. Bei diesem Wei – Chance vorbei!

Franz: Des san de Momente im Leben, wo du als Mann sagst: „Geh leck mi doch alles kreizweis!"

Hans: Manchmal hodma a Pech! Owa man segt: Geh daad schon no wos, sooo alt samma aa wieder ned! Aa wenn unsere Gattinnen moana, dass abgebrunftet is: Es daad immer no wos geh!

Anton: *Frustriert:* Noja …

Hans: Wos „noja"?

Anton: *Geknickt:* I hob aa Erlebnis ghabt mit einer jungen Frau. I hob aa gmoant, do daad wos geh, owa des war im Endeffekt deprimierend!

Franz: Ha? Du sprichst in Rätseln. Wos is denn passiert?

Hans: Ja, Anton, wos war denn?

Anton: I war im Freibad.

Hans: Eam schau o!

Anton: Dann sitz i aaf meiner Deck aaf da Liegewiese und les ein Buch.

Hans: Wos für a Buch?

Anton: „Wandern im Schwarzwald", owa des is etza wurscht, um des gehts ned! Sitz i aso durt, kimmt a Deandl daher im Bikini, so umara 25 Jahre alt, und sagt: „Entschuldigung, derf i mi neba Eahna herlegen?"

Franz: War ebba alles belegt?

Anton: Eben ned! Fast alles frei!

Hans: Und dann will di neba di hi? Do waar wos ganga!

Franz: Do waar hundertprozentig wos ganga! Wieso soll sich denn di neba di hileng, wenn alles frei is? Im Bikini! Des is offensichtlich!

Anton: I hob mi aa spontan gfreit und hob gsagt: „No freilich, gerne!" Dann hod sie ihra Deck ausgebreitet und hod sich higsetzt. Und dann hods gsagt: „Wissens …", und

	i hob sofort gsagt: „Dass des klar is: I bin da Anton! Derfst mi scho duzen!"
Hans:	Eam schau o! Greift glei o wia da Rambo!
Anton:	Wart no! Also, sie sagt dann: „Woaßt, i hob di ja scho a paar Minuten beobachtet und hob mir denkt, i frag di einfach, ob i mi hersetzn derf zu dir!"
Franz:	*Fast zitternd vor Aufregung und froher Erwartung:* Waaahnsinn! Des is ja direkt a Einladung für mehr! Do waar auf jeden Fall wos ganga!
Hans:	Anton, du bist ein Duselbauer! Dir fliagns zua, de Deandln! Im Bikini! Hundling, elendiger!
Anton:	*Lacht gequält.* Von wegen! De is dann durtgsessn und hod mi dauernd ogschaut. Dann hob i gsagt: „Äh, warum schaust du mi aso o? Gfall i dir? Findst du mi attraktiv?" Dann sagts: „Sorry, attraktiv is des falsche Wort! Du erinnerst mi bloß total an mein Opa! Der hod fast genauso ausgschaut wia du. Den hob i total gern ghabt und der is vor drei Wochen mit 81 Jahren gstorben!"

Da keiner der Freunde auf diesen frustrierenden Bericht eine Antwort weiß, trinkt man gemeinsam Prost und wechselt zum wichtigeren Thema Fußball.

Im Berggasthaus

Sepp: Mei liawa, des war fei a ziemlich schweißtreibende Wanderung! I gfrei mi etza total aaf a eiskaltes Radler und a Schnitzel mit Pommes!

Kare: Des hamma uns verdient, Sepp! Do is fei mords wos los, do heroben! Mei, Samstag is und 's Weda passt, Wandersaison is aa.

Sepp: Ja eben! Und so viel junge Leit! Mi gfreit des dermaßen, dass es no junge Leit gibt, de hinaus genga in d'Natur und ned den ganzen Dog dahoamhocka am Computer! Weil am Computer werdens aaf Dauer bläd!

Kare: Do host du recht! Gott sei Dank is des langsam wieder Trend bei der Jugend, des Außegeh! „Outdoor activity" hoaßt des bei denen, is owa nix anders als wia wandern! Heitzudogs muass halt alles an englischen Namen hom! Radlfohrn hoaßt „biken". Vom Berg owa „mountainbiken"!

Sepp: Und am Kanapee flagga hoaßt chillen! Und Leberkaassemmel angeblich „junk food"!

Kare: Eine verruckte Welt! *Erblickt die Bedienung.* Freilein! Mir daadn bstelln, wenns gang!

Bedienung: Komme gleich!

Sepp: A saubers Deandl! Und a Lederhosn hods aa no an! Aso ghört sich des in an bayerischen Berggasthaus!

Kare: Owa gscheid tätowiert is! A drumm Delfin am Wadl, also i woaß ned! Mir gfallt sowos ned! A kloans Herzerl oder a Röserl waar okay. Owa aso a drumm Viech? Naa, des is ned mein Geschmack! A tropischer Fisch im Bayerischen Wald, des is a Schmarrn! A Rehlein wenns waar, ok. Owa a kloans!

Sepp: A Delfin is koa Fisch, sondern a Säugetier!

Kare: Dankschön, Herr Professor! Des is doch wurscht, du woaßt scho, wos i moan!

Sepp:	*Lacht.* Jaja, scho klar! Schau dir diese jungen Menschen an! Sitzen zu acht am Tisch und unterhalten sich! Koaner gafft ins Handy! Des is so wohltuend in da heitigen Zeit! Weil normal hamm junge Leit heitzudogs den ganzen Dog des Idiotenkastl in da Pratzn und schaun eine. I hob scho amal a Paar gseng, so umara 20 Johr alt, de san eine Stunde durtgsessn und hamm kein Wort gsagt, bloß ins Handy gafft! Und des Kind, wos dabeighabt hamm, hod zerst sei Limo ausgschütt und dann de Pommes am Boden owepfeffert. Du, de hamm des gar ned gmerkt vor lauter Handygaffa! Dann hod a drumm Hund de Pommes gfressn, owa dem seine Halter hamm des aa ned gmerkt, de hamm aa ins Handy gafft! De hätten ned amal gmerkt, wenn der Hund des Kind gfressn hätt, hod er owa Gott sei Dank ned! Zum Schluss hamm da Hund und des dumme Kind miteinander gspielt, weil sie sich glangweilt hamm.
Kare:	Die Verblödung galoppiert, i sags scho lang! Ein Volk von Deppen wird des eines Tages!
Sepp:	Genau! Und drum is des so schee, wennma junge Leit segt, de no normal san! Bergwandern und nicht ins Handy schaun – ein Traum! Am liabsten daad i umegeh zu denen und sagen: „Hut ab, Leute!"
Kare:	Etza übertreibs ned! Des is doch aufdringlich! Und außerdem kimmt d'Bedienung!
Bedienung:	Bittää schön?
Sepp:	A Radlholwe und a Schnitzl. Gang anstatt vo de Pommes aa a Erdäpflsolot? Und a extra Ketchup no, wal i mogs rout! An Batzn route Soß, fände ich famos! *Lacht.* I dua gern a wengerl dichten, wissens! Is aso a Spleen vo mir. Mei, jeder spinnt aaf sei Art!
Bedienung:	Äntschuldigung, ich nicht ganz verstanden!
Kare:	Du Asyl?

Bedienung:	Nein, Tschechei!
Sepp:	Aha! Also, dann hochdeitsch: ein Radler sowie ein Schnitzel. Und es täte schön sein, wenn ich anstatt von den Pommes einen Kartoffelsolot haben könnte! Und am Ketchup brauchst du nicht sparen!
Bedienung:	Einmal Schnitzäääl mit Kartoffelsalat und Radlääär! Dankeschön!
Sepp:	Und extra Ketchup!
Bedienung:	Bringe Flaschää!
Sepp:	Jawoll! Des hörtma gern! Des Deandl hod a Hirn!
Kare:	Und mir bringst ... Moment ... *schaut konzentriert in die Speisekarte* ... des is schwierig. Es waar gscheida, es gaab bloß zwoa Gerichte, dann brauchertma ned so lang, bisma woaß, wosma will! Die Qual der Wahl sagtma do!
Bedienung:	Bittää?
Kare:	Ist sich deitsches Sprichwort! Zu viel Auswahl nix gut! Besser wenig Auswahl, dann nicht sinnieren brauchen! Wenn gibt nur ein Essen es, dann nix überlegen!
Bedienung:	*Verwirrt:* Bittää???
Kare:	Bringst mir des Gleiche wia eam do! *Deutet auf Sepp.* A Schnitzel ist ein Schnitzel!
Bedienung:	Dankäää schäään! *Geht.*
Sepp:	Wirklich a saubers Deandl! A sauberne Bedienung, des is für a Wirtshaus die halbe Miete! Do gehtma einfach gern eine! Bei einem Trampel trinkst a Halbe aaf ex und schaust, dass du weiderkimmst!
Kare:	Des is doch klar! Das Auge isst mit!
Sepp:	Genau! Und i geh etza zu de junga Leit ume und sog denen, wia wohl des duat, wenn amal ned jeder in sei Handy einegafft!
Kare:	Ach kimm, des brauchts doch ned! De werden sich denka: „Wos will denn der alte Depp vo uns?"
Sepp:	So ein Schmarrn! Einem jungen Menschen duat ein Kompliment aa guat! *Steht auf und geht an den Tisch*

	der jungen Leute, die relativ schweigsam ihr Essen verzehren. Er versucht, möglichst cool zu wirken und grüßt mit „Hi, Mountainboys and Mountaingirls!", was zu verwunderten und teilweise argwöhnischen Blicken der Gegrüßten führt, da sie Sepp logischerweise nicht kennen.
Mädchen:	Äh ... hallo? Was is los?
Sepp:	Mir is aufgfalln, dass ihr alle nicht ein oanziges Mal ins Handy schaut, und dass das selten ist in der heutigen Zeit! Und i wollt eich sagen, dass i ...
Junge:	*Saugrantig:* Weil des Dreckswirtshaus koa Netz hod! Koa WLAN aa ned, nix! Null! Es geht koa Vodafone, es geht koa Telekom, es geht nix! Schlimmer wia im Urwald! Saftladen! *Nach kurzer Verschnaufpause:* Wos wollten Sie uns sagen?
Sepp:	Äh, i wollt des aa sagen: Saftladen! Nix geht! Wie im Urwald! *Geht irritiert zu Kare zurück.*
Kare:	Und? Hamm sich de jungen Leit gfreit über dei Kompliment?
Sepp:	Äh ... ja, scho!
Kare:	Der oane, der mit dir gred hod, der hod owa direkt grantig ausgschaut! Der war doch grantig, oder?
Sepp:	Äh, ja, weil er hod Durst ghabt und aaf sein Saft gwart!

Musikalische Nachtwanderung

Sepp: Ja Kare, wia schaust denn du aus? Host du grafft? Am Hirn a Schramme, a bluadige Nasn!

Kare: Sei bloß staad! Schuld is de bläde Nachtwanderung gestern!

Sepp: Nachtwanderung? Wos für a Nachtwanderung?

Kare: Des war aso a neimodisches Angebot vo da Volkshochschule! „Musikalische Nachtwanderung" hod des ghoaßn!

Sepp: Wos alles gibt! D'Leit wissen nimmer, wos für an Blädsinn macha solln! Musikalische Nachtwanderung, also naa! Is ja a Nachtwanderung scho a Krampf, owa dann no musikalisch! *Schüttelt verständnislos den Kopf.*

Kare: Seg i aa aso, aber meine Gattin nicht! „Karlheinz", hods gsagt, „des waar doch wos für uns, amal ganz wos anders, öfter mal was Neues! Des bringt Schwung in eine Beziehung!"

Sepp: In wos für an Kaasblattl hods denn den Krampf glesen? Wahrscheinlich beim Doktor im Wartezimmer, weil do liegt allerweil aso a Glump umananda!

Kare: Keine Ahnung. Aaf jeden Fall hamm uns mir do angemeldet. Treffpunkt war um 20 Uhr 30 am Wanderparkplatz. Festes Schuhwerk hods ghoaßn, weil der Weg geht bergauf und es gibt Wurzeln und Steine.

Sepp: Des aa no! Und in der Nacht! Is ja am Dog scho ned einfach! Owa tagsüber seg i wenigstens, warum's mi highaut hod!

Kare: Genau! Und trotzdem warn 16 Personen anwesend und a Führer. Owa er hod glei gsagt, mir solln Edgar zu eam sagen, weil Führer hod an Beigeschmack. Und do hod er recht.

Sepp: Ja, do is Edgar gscheida. Du, owa warum hod dann des „musikalische Nachtwanderung" ghoaßn? Hoda gsunga, da Edgar? Oder hoda a Quetschn dabeighabt?

Kare:	Naa, des war ganz anders! Er hod gsagt, mir machma zwischendurch immer a kloane Pause und dann konn jeder sagen, wos eam grad für a Lied durch den Kopf geht.
Sepp:	Hä? Wos soll etza des?
Kare:	Des hob i mi aa gfragt. Owa eigentlich wars ganz interessant. Unten beim Start hob i zum Beispiel an den Howard Carpendale denkt mit „Nachts, wenn alles schläft".
Sepp:	Logisch!
Kare:	Gell! Dann is bergauf ganga, do hob i an „Bergvagabunden" denkt. Des hod damals da Heino gsunga! Woaßt scho: „Wenn wir erklimmen schwindelnde Höhen …"!
Sepp:	No freilich, des war ja a Hit! Mit dem blauen Enzian! „Jaja, so blau blau blau …"
Kare:	Des war a anders Liadl!
Sepp:	*Denkt kurz nach.* Ja genau, des war a anders! Und wia is dann weidaganga?
Kare:	Dann is immer steiler bergauf ganga und immer dunkler is aa worden. Mir is fast d'Luft ausganga, so anstrengend war des! Dann hob i denkt an de Fischer Helene mit „Atemlos durch die Nacht".
Sepp:	Isa a logisch irgendwie.
Kare:	Und dann is immer steiler worden, i hob gmoant, i drah durch. Do hob i dann an AC/DC denkt mit „Highway to hell". Und so finster, des konnst dir nicht vorstelln! I hob mi echt gfragt: „Kare, warum tust du das?"
Sepp:	Ein Wahnsinn!
Kare:	Owa dann warma endlich oben! Da hob i dann aus mein Rucksack a Flaschn Bier außa, hobs ogschaut und hob an den Schlager „Verdammt ich lieb dich" denkt vom Reim Hias!
Sepp:	*Lacht.* Jawoll! Alles klar! Owa etz woaß i allaweil no ned, warum du am Hirn und an da Nasn verletzt bist.
Kare:	Etza wart, des kimmt schon o! Mi hod dermaßen dürscht, i hob de Halbe aaf ex gsuffa. Des war owa tak-

tisch nicht klug, weil durch de Anstrengung hod de Wirkung vo dem Alkohol schlagartig eigsetzt. I war zwar spontan guat gelaunt, owa damisch war mir aa! Liedmäßig hob i denkt an „Immer wieder geht die Sonne auf" vom Udo Jürgens.

Sepp: Wieso?
Kare: Keine Ahnung, vielleicht weils so dunkel war und wega dera Holwe Bier.
Sepp: Vermutlich. Und dann?
Kare: Dann samma wieder gestartet nach unten. Do hob i an „Down down" denkt vo Status Quo.
Sepp: Nachvollziehbar!
Kare: I sogs dir, des war brutal! Stockfinster inzwischen! Drei hamm zwar a Handy dabeighabt, obwohls in da Anmeldung ghoaßn hod, de san unerwünscht, weil des Dunkelheitserlebnis mit Handylicht ned perfekt is! Owa de drei Handys hamm trotz Licht fast nix bracht. So, und etza kimmts: I woaß ned, obs a Wurzel war oder Stoa, aaf jeden Fall bin i umknickt und mi hods dermaßen higwucht, dass i mir 's Hirn und d'Nasn aafgschlagen hob! Guat, dass i da Letzte war, dann hamms ned alle so richtig mitkriagt, weil finster wars ja Gott sei Dank aa!
Sepp: Ach du Sch …!
Kare: Des konnst laut sagen!
Sepp: Bloß eine Frage: Host in dem Moment aa an a Liadl denkt?
Kare: Jawoll!
Sepp: Und an wos für oans?
Kare: „Wahnsinn" vom Wolfgang Petry.

Wer mich kennt, der weiß, dass ich ein Freund von Dialekten bin, insbesondere natürlich meines heimischen! Und ich bin auch ein Freund der Integration von Menschen aus aller Herren (und natürlich auch Frauen) Länder, die sich (verständlicherweise) in unserem schönen Bayern ansiedeln und die kein Problem damit haben, unsere Sitten und Gebräuche anzunehmen. Aber trotz dieser Annahme kann es dazu kommen, dass Neubayern, konkret Neuoberpfälzer, nicht auf Anhieb ergründen können, was ein Eingeborener meint. Insbesondere dann, wenn dieser Uroberpfälzer, „native Speaker" sagt man wohl heutzutage dazu, gnaden- und rücksichtslos seinen Dialekt zelebriert.

Folgendes hat sich so oder so ähnlich in einem Supermarkt in einem ostbayerischen Landkreis zugetragen. Ich darf zum besseren Verständnis noch die Ausgangssituation schildern: Der weibliche Azubi (oder sagt man Azubine?) hatte vom Chef den Auftrag bekommen, das Kühlregal mit den Molkereiprodukten aufzufüllen. Das fleißige Mädchen, vor Jahren zugezogen aus dem arabischen Sprachraum, inzwischen aber fließend und sogar akzentfrei Deutsch sprechend, machte sich sofort an die Arbeit und fuhr mit einem Wägelchen, bestückt mit allerlei Butter, Jogurt, Käse und ähnlichen Leckereien, zum Einsatzgebiet. Vor dem Bereich Butter und Margarine stand ein älterer einheimischer Kunde und spekulierte, welches Produkt er nehmen sollte. Die junge Angestellte wollte höflich sein und abwarten, bis der Butterbereich frei würde. Der Kunde konnte sich aber beim besten Willen nicht entscheiden. Dann merkte er, dass jemand hinter ihm steht, der offenbar an das Kühlregal will.

Er drehte sich um, erblickte das Mädchen mit den Auffüllprodukten und das Drama nahm seinen Lauf.

Der ausländische Oberpfälzer

Azubi: Ähem! *Räuspert sich.*
Mann: *Dreht sich um.* Ire ebba? Zur Erläuterung: „Iren" sagen wir in unserer Gegend für „stören, im Weg sein". Das kann das arme Mädchen aus dem Orient natürlich nicht wissen.
Azubi: Wie bitte?

Mann:	Ire ebba, Deandl?
Azubi:	Wie bitte?
Mann:	Ob i ebba ir?
Azubi:	Obi?
Mann:	Ned Obi! Obi hod kaon Buda ned und i brauch an Buda, wenn i schäd wissert, wos fir oan! Ob i ebba ir, hob i gfragt.
Azubi:	Wie bitte? Ich verstehe Sie leider nicht!
Mann:	Vo do bist owa du ned, vo weida her, schatz i.
Azubi:	Schatzi?
Mann:	Ned Schatzi! SCHATZ I i! I sog doch ned Schatzi, do mejsstame da Sündn firchtn, aus waars! Do daadns di heizutogs so schnöll eispirrn, so schnöll schaust du ned!
Azubi:	*Völlig ratlos:* Ich verstehe Sie leider nicht!
Mann:	Man doudse hirt, wenn da oane aso schmatzt und da ander aso. Man doutse hirt! Owa wort a wengerl, i hobs glei, is o wurscht, wose für an Buda nimm! Is allaweil da gleich Dreg! *Lacht.* Bschissn wirst aso und aso! Frejer hodma no a Kouh ghod oder zwoa und hod sein Buda sölba gmocht. De irmern Leit hamm bloß a Goaß ghod, fir de is a Kouh a Luxus gwen! De Zeitn san ume, alls digital oder wejma do sagt, es gejt dahi! Glei hobes! *Betrachtet konzentriert das Butterangebot.*
Azubi:	Ich würde Ihnen ja gerne helfen, aber ich verstehe Sie leider nicht. Einen Moment bitte, ich hole meinen Chef! *Geht, um den Chef zu suchen.*
Mann:	Wort holt, i hobs o glei! *Die Azubine entschwindet.* Ejtz is furt! Mei liawa, leicht hostas ned als jungs Deandl vo werwoaßwouher, wennst ned gscheit Deitsch konnst. *Geht mit Butter an die Kasse und freut sich, dass er perfekt Deutsch kann.*

Inzwischen ist die Azubine mit dem Filialleiter wieder am Kühlregal angekommen.

Azubi:	Gerade war er noch hier! Hier stand er!
Chef:	Etz irt er ja nimmer, etz kannst weidamacha!

Gepriesen sei der Influencer

Du wiegst gute hundert Kilo,
fühlst dich wie ein Futtersilo,
Softdrinks, Mayo mit Pommes frites
san kulinarisch deine Hits.
60 Pfund wenga hoaßt das Ziel,
die Lösung waar: Iss ned so viel!
Doch des akzeptierst du nicht,
es muass a gehen ohne Verzicht!
Es geht: Schau einfach ins Internet,
da Influencer woaß, wias geht!

Irgendwie in letzter Zeit
hob i beim Wandern keine Freid.
Immer, wenn i aufwärts geh,
duat mir mei rechtes Knöcherl weh,
manchmal aa des linke,
i sogs wias is: Ich hinke!
Des nervt mi gscheit, weil des is bläd,
owa zum Doktor geh i ned!
In Ärzte hob i kein Vertrauen,
i werd zum Influencer schauen!

Was macht Spaß und was ist cool?
Da Abschlußball von deiner Schul!
Du kaufst a kurzes Kleid mit Stil,
owa aa mit Sexappeal.
Aa sonst hast dich total verschönt,
die Nägel lila, das Haar geföönt.
Die Band spielt wos vom Sheeran Ed,
doch zum Tanzen holns di ned.
Warum hast du keinen Tänzer?
Frag amal an Influencer!

Wos is schwierig heutzutage?
Die Antwort auf die Outfitfrage!
„Wos setz i auf, wos ziag i o?",
fragt sich die Frau und aa der Mo,
isst an Burger und sinniert,
wos sei drumm Wampn guat kaschiert.
Dirndl, Rock oder a Seidenwestn?
Wos betont mein Typ am besten?
Eher leger oder doch mit Schlips?
Da Influencer, der hod Tipps!

In Schantalles Mädchenzimmer
sitzt Schantall und sie weint immer.
Warum Schantalle immer weint?
Sie hat leider keinen Freind!
A alte Jungfer wird sie bald,
denn sie ist schon 12 Jahre alt!
Damit sie es leichter hat im Leben,
hab ich Schantall an Tipp gegeben!
Frag einfach beim Influencer an:
„Wie krieg ich Doofi einen Mann?"

Josef aus der 5. Klasse hatte
einen Fünfer glatt in Mathe.
Sein Vater sprach: „Mein lieber Sepp,
rechnerisch bist du ein Depp!
Schreibs dir hinter deine Ohren:
Wer nicht rechnen kann, der ist verloren!"
Da sagte Josef: „Lieber Dad,
ich kenn zwei, die sind total bläd
und hamm trotzdem Karriere gmacht, de Noan:
Oaner is Rapper, da ander Influencer worn!

Wir in unseren jungen Tagen
konnten keinen Influencer fragen:

Was zieh ich an, was soll ich essen?
Was merk ich mir, was kann man vergessen?
Sind drei Weizen täglich noch gesund?
Wieviel Gramm sind ein halbes Pfund?
Fängt morgens früh um halbe zwei
die Nacht erst an oder is vorbei?
Tanz ich mit Resi, Rosi oder mit beiden?
Das mussten wir noch selbst entscheiden!
Aber wie es so ist im Leben:
Beide hamm mir an Korb gegeben!
An Influencer gabs no ned,
der hätte mir gesagt, wie's geht!

Im Horrorwirtshaus

Oma: So Basti, etza samma schön spazieren ganga, etza hamma uns a guads Essen verdient!
Basti: Ouja Oma, i hab scho sooo Hunger!
Oma: Was magst denn?
Basti: Was gibts denn?
Oma: Soll i dir d'Speiskarte vorlesen oder kannst du schon lesen?
Basti: Omaaa! I kann doch no ned lesen, i werd doch erst 5!
Oma: Freilich, du wirst ja erst 5! Also, dann sag i dir, was es alles gibt! *Öffnet die Speisekarte.* Aaalso, zum Beispiel hamm die ein Putenschnitzel.
Basti: Was is a Putenschnitzel, Oma?
Oma: Des is ein Schnitzel von der Pute!
Basti: Was is a Pute, Oma?
Oma: Äh, genau weiß i des aa ned. So wos ähnliches wie a Truthahn, glaub i.
Basti: Was is a Truthahn, Oma?
Oma: Äh, des is … des is a Vogel, so wie a ganz a große Henne ungefähr.

Basti:	Und den kann man essen?
Oma:	Genau!
Basti:	Aber wenn der so groß is wie a ganz a große Henne, dann schaff i den nie!
Oma:	*Lacht.* Du musst ja ned die ganze Pute essen, bloß a Putenschnitzel! Des heißt Putenschnitzel, weil des des Fleisch von der Pute ist!
Basti:	Achsooo!
Oma:	*Sieht wieder in die Speisekarte.* Es gibt aa a Schweineschnitzel.
Basti:	Gell, des heißt Schweineschnitzel, weil da des Fleisch vom Schwein drin is?
Oma:	Richtig, Basti! Und an Rinderbraten gibts auch!
Basti:	*Hat zunehmend Spaß an der Sache.* Da is des Fleisch von einem Rind drin! Was gibts denn noch, Oma?
Oma:	*Freut sich ebenfalls über das kulinarische Ratespiel mit ihrem klugen Enkel.* Hähnchenschenkel!
Basti:	Da is ein Fleisch vom Hähnchen drin!
Oma:	Ganz genau! Du bist einfach a schlauer Bursch! Kalbsbraten hamms aa.
Basti:	Da is des Fleisch von an Kalb drin! Drum heißt des Kalbsbraten.
Oma:	Haargenau! Immer des Fleisch, des wo drin is, so heißt das Essen! Was is im Hirschbraten drin?
Basti:	Des Fleisch von einem Hirsch!
Oma:	Super!

Basti sagt nichts mehr, man merkt aber, dass er konzentriert nachdenkt.

Oma:	Wos hast denn Basti, wieso sagst denn nix?
Basti:	I hab mir grad denkt, dass da Papa und die Mama voll grausam san!
Oma:	Grausam? Warum denn? De san doch ganz nett!
Basti:	Naa, de san grausam. Wir warn letzte Woche beim Essen und da hat da Papa a Jägerschnitzel gegessen und die Mama einen Bauernschinken!

Freibad (1)

Kare: Aso a Bluatshitz, ha?
Sepp: Brutal! I schwitz wia no wos!
Kare: Normal solltma ins Freibad geh!
Sepp: Normal scho. Owa i geh do sehr ungern hi, weil i jedesmal danach einen wahnsinnigen Muskelkater hob!
Kare: Ehrlich? Vom Schwimma?
Sepp: Naa, vom Bauch eiziagn!

Freibad (2)

Mann: Aaaah, is des wos Schönes, ha? Bei 32 Grad im Schatten aaf da Liegewiese vom Freibad liegen!
Frau: Ja, scho schee!
Mann: *Mit Blick auf ihren Bauch:* Wann is denn so weit?
Frau: I bin im 6. Monat!
Mann: Na dann: Alles Gute! Toitoitoi!
Frau: Dankschön!
Mann: Owa gell, angenehm is des ned direkt, wennma schwanger is und dann de Hitz! Des is unangenehm, oder?
Frau: Ja, angenehm is des ned! Owa es dauert ja bloß no drei Monate, dann is da Bauch wieder weg. A Schwangerschaft is ja Gott sei Dank nur vorübergehend.
Mann: *Betrachtet frustriert seinen Körper:* Meine is leider chronisch!

Wer kennt sie nicht – die spontanen Anrufe von gutgelaunten Radiomoderatoren/innen bei gutgelaunten Hörer/innen! Oft zu frühmorgendlicher Stunde, manchmal in der Mittagszeit, aber immer gutgelaunt und total spontan! Verbunden sind diese Telefonüberfälle immer mit raffinierten und kniffligen Fragen wie beispielsweise „Welcher Niederschlag heißt rückwärts gelesen Leben?" Und wenn dann der/die intellektuelle Hörer/in nach einigem Überlegen den Nebel als Lösung herausgefunden hat, dann erhält er/sie einen atemberaubenden Preis: zwei Eintrittskarten für das (natürlich längst ausverkaufte) Konzert eines Schlagerstars beispielsweise oder, wenn er/sie besonderes Glück hat, ein Bierglas mit dem Logo des Radiosenders. Man fragt sich als unbeteiligter Hörer, warum in Gottes Namen die Anrufenden IMMER den Dusel haben, dass sie zufällig Menschen anrufen, die gut drauf, spontan, wach und gebildet sind! Und vor allem Stammhörer des anrufenden Senders! Ich habe den Verdacht, dass es etliche Telefongespräche gibt, die schiefgegangen sind und deshalb für immer in den Archiven verschwanden. Und wir durften sie nie hören, obwohl sie doch eigentlich amüsant gewesen wären. Wie etwa die nun folgenden, in denen sich die Überraschten des Öfteren gefragt haben:

Wer is dran?

Moderator: Soooo, liebe Leute, dann rufen wir mal ganz spontan an bei der Nummer, auf die ich mit geschlossenen Augen im Telefonbuch getippt habe. So viel verrate ich: Wir rufen in Memmingen an! Im wunderschönen Allgäu! So …, auf gehts!
Die Null … die … Acht … die Drei … den Rest verschweigen wir natürlich, es lebe der Datenschutz, hahaha … *man hört den Tut-Ton des Wählens, dann den Freiton. Es tutet!* Dann schauen wir mal, wen wir dran haben heute morgen, ich bin schon ganz gespannt!
Frau Häufele: *Verschlafen:* Ja?

Moderator:	*Extrem freundlich, locker und für diese Morgenstunde überraschend gut gelaunt:* Einen wunderschönen guten Morgen! Rolf Redlich mein Name! Der rrasende Rrrolf von Rrradio Rrrübezahl! Mit wem sprrreche ich?
Frau Häufele:	*Verwirrt, fast ängstlich:* WER is dran?
Moderator:	*Nicht mehr ganz so euphorisch, aber immer noch in Hochstimmung:* Rolf Redlich aus dem Radio! Radio Rübezahl, Ihr Sender mit mmmassenhaft mmmelodiöser Mmmusik! Bei uns gibts was auf die Ohren! Deutschland hört auf jeden Fall – Musik von Radio Rübezahl!
Frau Häufele:	Also, WER is dran?
Moderator:	*Seriöser:* Äh, Redlich ist mein Name! Sie wurden zufällig ausgewählt, Frau …
Frau Häufele:	Mir hamm nix bestellt!
Moderator:	Schon klar, Frau … äh, wenn Sie mir Ihren Namen verraten würden …
Frau Häufele:	Roswitha!
Moderator:	Sehr schön! Roswitha, es geht um …
Frau Häufele:	Kennen wir uns? Bischt es du, Heiner? Is des wiedrrr aaner vo dein blädn Witze?
Moderator:	*Schon leicht nervös, aber immer noch freundlich:* Neinnein Roswitha! Ich bin nicht der Heiner, wir kennen uns nicht! Kennen Sie Radio Rübezahl?
Frau Häufele:	Überfall?
Moderator:	Rübezahl! Radio Rübezahl! Sie sind im Radio!
Frau Häufele:	Moment, i gib Eahna mein Mo! *Man hört sie rufen:* Eeernscht! Eeernscht! Wo bischtn scho wiedrrr?
Herr Häufele:	*Grantig:* Am Klo! Kannma denn in dem Haus ned amal in Ruhe scheißa, zefix! Wos isch denn los?
Moderator:	*Leicht unsicher:* Äh, Roswitha … bitte lassen Sie Ihren Mann in Ruhe seine Morgentoilette erledigen! Wir haben nur eine Frage an Sie, das kriegen Sie leicht hin!

Frau Häufele:	Moment, Herr Rübezahl! *Wieder rufend:* Do isch einer am Telefon, drrr hat an Vogel! Hascht du was bstellt?
Herr Häufele:	I? I hab doch nix bstellt! Wahrscheinlich du wieder!
Frau Häufele:	Red koin so an Blädsinn daher! I hab nix bstellt! Tu mir ned immrrr was unterstella!
Moderator:	*Verzweifelt:* Roswitha, bitte …
Frau Häufele:	Der Mo is unmöglich! I sags Ihnen, Herr Rübezahl …
Moderator:	Redlich! Rolf Redlich!
Frau Häufele:	I sags Ihnen, i werd mit dem Mo noch närrisch! Dauernd wirft er mir vor, dass i zu viel bstell! Ich woiß haargenau, um was es da geht! Da gehts um die roten Schuhe, die ich mir bschtellt hab! Man wird doch amal a Paar neie Schuhe bschtella dürfa, odrrr? I hab seit fünf Johr keine neien Schuhe mehr gekauft! Andere Frauen kaufa sich alle Johr a neis Paar, odrrr? Wia sega Sie des, Herr Rübezahl? Stimmts oder hab i recht?
Moderator:	*Völlig verwirrt:* Natürlich haben Sie recht! Alle fünf Jahre ein Paar … aber um das geht es nicht! Roswitha, Sie bringen mich ganz durcheinander! Sie können bei uns etwas gewinnen! Was sagen Sie dazu?

Inzwischen hat der Gatte notgedrungen und unverrichteter Dinge bzw. Notdurft seinen Toilettenaufenthalt beendet und ist zur Gattin geeilt.

Herr Häufele:	Was isch etz los, Roswitha? Wer will ebbes?
Frau Häufele:	Der hat gsagt, i bring ihn ganz durcheinander! I glaub, der will ebbes von mir! I bin mir gar ned sicher, ob der ned eventuell pervers is!
Herr Häufele:	*Nimmt zornbebend den Hörer.* Was willst von meiner Frau, du Sau? Mei Roswitha is 72 Johr alt!

Der Moderator beendet das Gespräch. Es wird nie gesendet.

Sehr beliebt sind Anrufe von professionellen im Rundfunk tätigen Witzbolden, die auf einen Tipp von Bekannten der Opfer hin irgendwelche ahnungslose Leute telefonisch hereinlegen. Oft mit haarsträubenden Wortspielen, beispielsweise indem sie in einer Tierhandlung anrufen und nach einem Wasserhahn fragen. Oder in der Skiabteilung eines Sportgeschäftes, weil ihre feste Bindung in die Brüche gegangen ist – ha ha ha! Ein Brüller! Unser Anrufer bekam von hinterlistigen Kollegen eines Verkehrssünders folgenden Tipp: Franz Frimper wurde nun schon zum vierten Mal innerhalb eines halben Jahres mit seinem Kleinwagen einer italienischen Marke geblitzt. Es hat nie zum Führerscheinentzug gereicht, aber es wurden jedesmal einige Euro an Bußgeld fällig. Der Gag sollte nun sein, dass der Gaudibursch vom Rundfunk den flotten Franz anruft und ihm eine Blitz-Flatrate anbietet, die bei einem pauschalen Festpreis von 150 Euro fünf „Freiblitzer" beinhaltet. Er solle sich als „Verkehrsvergehensahndungsamt Straubing" ausgeben, da die vier Verstöße alle rund um die Gäubodenmetropole stattgefunden hatten.

Bedauerlicherweise führte eine Unkonzentriertheit der Redaktion dazu, dass bei der neunstelligen Telefonnummer eine Zahl falsch eingegeben wurde und nicht Franz Frimper angerufen wurde, sondern ein armer berufstätiger Unbekannter, der sich vermutlich noch heute verzweifelt fragt:

Wer ist Frimper?

Das Telefon läutet.
Witzbold: Dann versuchen wir mal, ob wir den Raser Franz hereinlegen können! Viermal geblitzt in sechs Monaten, und das mit einem kleinen Fiat – Hut ab! Chchch ... *Lacht schon im Vorfeld im Hinblick auf die bevorstehende Veräppelung genussvoll.*
Asslan: Challo?
Witzbold: Ja hallo! Schönen guten Morgen! Spreche ich mit Franz Frimper?

Asslan: Challo?
Witzbold: Sind Sie Herr Franz Frimper?
Asslan: Frimpee?
Witzbold: Frimper, Franz Frimper! Ist der am Apparat?
Asslan: Bin ich Asslan!
Witzbold: Asslan? Hallo Asslan! Asslan, eine Bitte: Könnten Sie bitte den Frimper Franz ans Telefon holen?
Asslan: Ich Asslan, nix Frimpee!
Witzbold: Schon klar, Asslan, schon klar! Ich möchte bitte mit Herrn Franz Frimper sprechen!
Asslan: Bin ich Asslan! Wer du?
Witzbold: Hier ist das Verkehrsvergehensahndungsamt Straubing.
Asslan: Ich nix verstehn, is lange Nam das! Du Straubing?
Witzbold: Ich Polizei – im weitesten Sinne!
Asslan: *Panisch:* Asslan nix gemacht! Asslan arbeit immer, nix gemacht, schwör! Abends müde, nix mehr machen, schlafen!
Witzbold: *Noch amüsiert, da er meint, Asslan sei ein Kollege von Franz Frimper:* Nein, Asslan, kein Problem! Es geht nicht um Sie, es geht um das Fahrverhalten von Franz Frimper!
Asslan: *Übereifrig und ängstlich:* Chef sagen: „Asslan fahr Firma Frettl, hol 38 Stein von Granit!" Asslan fahren mit Lastwagen. Asslan nix gemacht! Wenn Chef sagen, dann Asslan fahren. Granit schwer! Frettl helfen, nix kann tragen allein, Granit schwer!
Witzbold: Jaja, Herr Asslan, schon klar! Granit ist schwer!
Asslan: Sehr schwer! Du Polizei? Was los?
Witzbold: Du holen Franz Frimper!
Asslan: Ich holen 38 Stein Granit, nix Frimpee! Was ist Frimpee? Auch Stein, wie Granit? Frimpee auch schwer?
Witzbold: Nix „Frimpee", Frimper! Franz Frimper! Der Franz Frimper, den sie viermal geblitzt haben mit seinem Fiat! Ihr habt mir doch eine Mail geschrieben, dass ich ihn anrufen soll!

Asslan: *Nach einigem Überlegen:* Lastwagen Magirus, nix Fiat!
Witzbold: Nicht Lastwagen, Frimper privat fahren, nix Firma! Privat, Fiat! Polizei! Foto! Frimper zahlen! Wo Frimper?
Asslan: Wo Frimper?
Witzbold: Ja genau, wo Frimper?
Asslan: Bin ich Asslan, nix Frimper!
Witzbold: *Nach endgültigem Verlust der guten Laune und der Euphorie:* Ja Herrgottseiten! Du Asslan, du nicht Frimper! Das hätten wir jetzt endgültig geklärt!
Asslan: Ich Asslan!
Witzbold: Jawoll! Und du holen jetzt Frimper, sonst ich drehen durch!
Asslan: Frimper? Holen?
Witzbold: Haargenau, Frimper holen! Ich wollen sprechen mit Frimper!
Asslan: Frimper nix da! Asslan da, Waclaw da, Al Khudr da, Chef da. Frimper nix da.
Witzbold: Und wo ist der Frimper?
Asslan: Nix weiß. Frimper nix kenn.
Witzbold: Des gibts doch ned! Wo is denn der Depp? Asslan, du mir geben Chef.
Asslan: Scheffe?
Witzbold: Ja genau, Scheffe!
Asslan: *Ruft laut:* Scheffe! Scheeeffeee!
Chef: *Aus einiger Entfernung, auch laut rufend:* Was los, Asslan?
Asslan: Telefon!
Chef: Wer? Is des wichtig?
Asslan: De Polizei dran wegen Fiat.
Chef: Fiat? Was für Fiat?
Asslan: Von de Frimpee!
Chef: Was für Frimpee?
Asslan: Nix weiß! Polizei sagen, ich Frimpee holen. Kann nix Frimpee holen, nix weiß, was Frimpee ist! Du wissen, Scheffe?

Chef: *Inzwischen bei Asslan angekommen und den Hörer übernehmend:* Challo! Wieso immer Polizei? Ich nix gemacht! Asslan, Waclaw, Al Khudr, alle Papiere, nix illegal. Nix gemacht, nur viel Arbeit! Was du wollen Frimpee? Nix kennen Frimpee! *Redet sich immer mehr in Rage.* Frimpee, Frimpee! Geht mir in Arsch vorbei Frimpee! Ich zahl Steuer, ich AOK, alles korrekt! Sogar Mitglied in Freiwillig Feuerwehr ich, Schlauchtruppmann! Dann du mit verdammte Frimpee! Kannst mir Schuh aufblas!

Der Witzbold legt auf, Scheffe schimpft noch einige Sekunden weiter, der Beitrag wird nie gesendet.

Zweimal haben wir uns schon beschäftigt mit den allseits beliebten Spaßanrufern, die aus dem Rundfunkstudio ahnungslose Menschen kontaktieren, mit allerlei geschmackvollen Gags zum Narren halten und damit zum Amusement aller bzw. vieler Hörer/innen beitragen. Peinlich kann es für den professionellen Verarscher nur werden, wenn er selber verarscht wird und es nicht merkt.
So wie im folgenden Fall! Der Gaudibursch von Radio Rübezahl wurde von angeblichen Tippgebern dahingehend informiert, dass deren Kumpel Fridolin in einer Tierhandlung arbeitet und vom Intellekt her nicht die hellste Lampe im Haus ist, ein Dödel quasi. Noch dazu einer mit schwachen Nerven, also ein ideales Opfer für lustige Telefonattentate. Der geniale Plan, den der Radiomann ausgeheckt hatte, war folgender: Er würde sich als Rentner Max Mustermann vorstellen und sagen, dass er, seit er vor sechs Monaten in Rente gegangen ist, ständig Streit mit seiner Frau habe. Der Grund sei, weil er daheim immer im Weg rumsteht und stört. Er solle sich gefälligst ein Steckenpferd zulegen, damit er eine Beschäftigung habe, sonst lasse sie sich scheiden wegen permanenter Belästigung, so die Drohung der genervten fiktiven Gattin. Und genau deswegen will der Witzbold alias Max Mustermann in der Tierhandlung beim angeblich doofen Fridolin anrufen und ihn fragen, wie teuer ein durchschnittliches Steckenpferd kommt und was es täglich

frisst! So war der Plan.
Doch Fridolin heißt nicht Fridolin, sondern Kurt. Und Fridolin arbeitet auch nicht in einer Tierhandlung, sondern nirgends, weil er studiert. Und die Telefonnummer, die Kurts Kumpel dem armen Radioclown gegeben haben, ist eine Handynummer, die sich Kurt vorübergehend zugelegt hat. Er und seine Freunde sitzen bei ihm daheim und warten feixend auf den Anruf, den sie natürlich aufzeichnen wollen.
Das Drama beginnt, denn

Fridolin ist nicht Fridolin

Witzbold: Sooo, verehrte Hörerinnen und Hörer, liebe Freunde des gepflegten Humors, heute habe ich ein Leckerli für euch. Ich rufe in der Tierhandlung „Alles für die Katz" an. Dort arbeitet der liebe Fridolin und ich werde ihn fragen, ob er mir ein „Steckenpferd" verkauft! Man hat mir verraten, dass Fridolin leicht nervös wird – schauen wir mal! Aber bevor er einen Nervenzusammenbruch erleidet, werden wir die Sache natürlich auflösen! Wir sind ja keine Unmenschen! Hihihi! Doch wählen wir erstmal die Nummer, die uns seine „Freunde", ha ha ha, verraten haben. Auf gehts! *Man hört Wähl-, dann Tutgeräusche, dann ist jemand am Telefon.*

Kurt: *Irgendwie gehetzt klingend:* Hallo?

Witzbold: *Noch sehr lustig:* Ja hallo, hier Max Mustermann! Ist Fridolin zu sprechen?

Kurt: *Sehr gehetzt, flüsternd:* Max Mustermann, sehr witzig! Bist du es, Steve? Das bist doch du, Steve!

Kurts Freunde grinsen.

Witzbold: *Schon leicht verunsichert:* Äh ... nein, hier spricht Max Mustermann!

Kurt:	*Jetzt drohend:* Ey, verarsch mich nicht, Bro! Was willst du? Wieso rufst du hier an? Was willst du?
Witzbold:	Äh, ich bräuchte ein Steckenpferd!
Kurt:	Waaas? Bist du noch dicht? Was soll der Scheiß? Und wo warst du gestern Abend?
Witzbold:	Äh, w … w … wie bitte? Was meinen Sie?
Kurt:	*Eindringlich:* Wo du gestern Abend warst, du Flachhirn? Ich war da mit dem Geld, aber wo warst du mit dem Stoff?

Kurts Freunde kringeln sich vor Lachen.

Witzbold:	*Inzwischen völlig verunsichert:* Was? Welcher Stoff, welches Geld? Wer spricht denn da? Sind Sie nicht Fridolin?
Kurt:	Fridolin? Ey, lass die blöden Scherze! Und komm mir bloß nicht wieder mit deinem Max Mustermann, Steve! Ich kenn doch deine Stimme! Und wieso rufst du überhaupt hier an? Wir hatten doch gesagt, auf keinen Fall hier in der Zentrale anrufen! Bist du sicher, dass du nicht abgehört wirst? Ich schwörs dir: Wenn das dieselbe Kacke wird wie letztes Jahr und ich hab wieder die Bullen an der Backe, ich mach dich kalt!
Witzbold:	*Schweißgebadet:* Äh, ich glaube, da liegt ein Irrtum vor! Hier spricht Radio Rübezahl! Wieso Zentrale? Bin ich nicht in der Zoohandlung? Ich wollte in die Zoohandlung! W … w … wegen dem Steckenpferd!
Kurt:	Bist du bekifft oder was? Welche Zoohandlung? Hast du Eidechsen geraucht? Was redest für einen Schwachsinn daher? Ich brauch den Stoff, Mann!
Witzbold:	E … e … entschuldigen Sie bitte, das ist eine Verwechslung! Ich wollte Fridolin anrufen wegen dem Steckenpferd!
Kurt:	Jetzt hör endlich auf mit diesem Fridolin-Gefasel! Wo bist du? Ich komm vorbei? Was hast du überhaupt für eine Telefonnummer?

Witzbold: Äh ..., ich rufe aus dem Studio an.
Kurt: Studio? Bist du im Fitnessstudio? Oder hängst du schon wieder im Sonnenstudio ab? Du hast vielleicht Nerven! Ich warte auf den Stoff und der bräunt sich! Ey Männer, hört ihr das? Das Nullhirn bräunt sich und ich warte auf meinen Stoff! Checkst du nix mehr oder was? Studio! Ich dreh gleich durch!

Kurts Freunde schreien auf Kurts Aufforderung „Mach ihn kalt!", „Kill den Arsch!" und ähnliche unangenehme Vorschläge!

Witzbold: Um Gottes willen! Das ist eine totale Verwechslung! Ich bin nicht im Fitnessstudio oder im Sonnenstudio! Ich bin im Studio von Radio Rübezahl! Sendestudio!
Kurt: Bist du irr oder was? Was machst du im Radio? Checkst du gar nix mehr oder was? Wo is das Studio, ich komm vorbei! Hast du den Stoff am Mann?

Der Witzbold legt auf, das Gespräch wird nie gesendet. Der Witzbold hat circa eine Woche Angst, dass eine Abordnung der Drogenmafia ihn aufsucht, was aber gottlob nicht geschieht. Kurt und seine Freunde genießen noch lange oft das lustige Hörspiel auf ihren Handys.

Man kennt das: Ab einem gewissen Alter sind Wehwehchen aller Art das Gesprächsthema Nr. 1; egal, womit das Gespräch begonnen hat, nach kurzer Zeit ist man bei der Gesundheit bzw. Krankheit. Ich habe es selber mehrmals erlebt: Man redet über das regnerische Wetter, schon wirft einer ein, dass er bei Regen immer so ein Ziehen im Nacken hat und auf gehts!

Ziehen, Zwicken, Brennen in allen Formen und Ausführungen bestimmen das Gespräch! Oder, auch das habe ich schon persönlich erlitten: Ich möchte am Stammtisch über das gestrige Fernsehprogramm reden bzw. schimpfen und bringe den mir völlig unverständlichen „Tatort" ins Gespräch. Ein anderes Stammtischmitglied (Erwin) unterbricht meine vernichtende Krimianalyse und weist darauf hin, dass er nicht mehr länger als 30 Minuten am Stück fernsehen kann, weil er durch die Sitzhaltung und einen vermutlichen Konstruktionsfehler seiner Couch brutal Kreuzweh bekommt. Das greifen die anderen Jammerlappen gerne auf und es entwickelt sich eine langwierige und schmerzerfüllte Diskussion über Wirbel, Bandscheiben, Schlüsselbeine, Meniskusabsplitterungsprodukte und sonstiges Zubehör des menschlichen bzw. männlichen Körpers.

Mich regt sowas furchtbar auf! Ich bin es leid, ständig über nachlassende Spann-, Muskel-, Mannes- und Sprungkraft, über juckende Hautauffälligkeiten, nässende Kniekehlen oder gar über Inkontinenzen aller Art zu sprechen! Mich betrifft dieser Schmarrn nicht, denn ich bin

Fit wie ein Turnschuh

Ok, i bin etza in einem Alter, wo man sagen konn: Wenns dumm geht, bin ich schon in der 2. Halbzeit meines Lebens. Es sei denn, i werd über 130, dann wärs noch die 1. Hälfte.

Aber: I fühl mi ned alt, echt! I wenn in den Spiegel schau, denk i mir oft: „Hä? Wos is denn er für oaner? Des kann doch ned i sei! Die Haare, also eigentlich de Nichthaare! Und die Figur! I schau ja fast aso aus, wie die, über die i immer lach, weils so wampert san!"

Und drum schau i ungern in an Spiegel, weil der is des brutalste Möbelstück im ganzen Haus! Bloß a Tipp: Wenn ihr selbstbewusst durch die 2. Lebenshalbzeit gehen wollts: Schmeißts de Spiegel weg! Außer zum Rasieren, aber do langt a kloaner, wo man bloß des Gsicht segt und ned den traurigen Rest!

Auf da anderen Seitn: An mir persönlich merk i des kaum, dass i älter bin – ehrlich. I bin topfit, also wirklich, relativ. Und i fühl mi immer no voll jung, fast pubertär, i hob sogar wieder ab und zu Pickel! Owa ned im Gsicht, ganz woanders! Wenn i a Schiff wäre, wären de Pickel eher im Heckbereich.

Und i trau mir sagen: I bin cool, locker, immer zu Scherzen aufgelegt, wie a kloaner Bub! Mei Frau sagt immer: „Mei, bist du kindisch!" Des is praktisch a tolles Kompliment, sie kann sich bloß ned so ausdrücken. Da tun sich Frauen eh ziemlich hart im Ausdrücken von Komplimenten. Sie sagt aa manchmal: „Du bist so ein Depp!" Des is im Innersten liebevoll gemeint. Wie gesagt, sie kanns halt ned so ausdrücken.

I bin aa sprachlich no voll jung, i pass mi do scho an! Andere Männer in meinem Alter, de san ned bloß alt, de benehmen sich aa alt. Aber i ned! Zum Beispiel hod voriges Mal der 17-jährige Sohn von an Kollegen sein Papa von der Arbeit abgeholt. Ey, der Sohn war voll tätowiert und hat a Hosn anghabt, da hätt der dreimal einepasst, weil zaundürr war er aa no. I hob dann meine Finger der rechten Hand so gspreizt, also Zeigefinger und kloaner Finger nach vorn, Restfinger zurück und hob gsagt: „Ey Bro, wos geht? Alles easy? Ich und du, Müllers Kuh, wer cool sein will, braucht ein Tattoo! Check it out & fuck the CSU!" Des sagtma heitzutags aso, aa als CSU-Mitglied, sicher is sicher.

Und er hod mir dann d'Hand geben und gsagt: „Grüß Gott, Herr Lauerer!" Uncooler Typ des! Der is bestimmt unbeliebt in da Schul.

I bin aber ned bloß von der Coolness her deutlich jünger als mei bläder Spiegel sagt, i bin aa körperlich topfit! Ok, man bieselt ehrlich gsagt a bissl länger als früher, des liegt an de Druckverhältnisse. Bildhaft ausgedrückt: Nimmer der rauschende Wasserfall, eher des plätschernde Gebirgsbächlein, Tendenz zu Rinnsal. Aber

es is ja ned so schlimm, wenns länger dauert, man hat ja Zeit, massenhaft! Und des Aufstehen in der Nacht, meist so umara 3 Uhr, is aa ned so schlimm, man konn ja eh schlecht schlaffa. I seh des ganz locker, obwohl: Grundsätzlich nervt des Thema! Schauns her, i mach einmal pro Jahr mein Check, weil des is mir wichtig. Mir eigentlich ned, meiner Frau is des wichtig, drum machts an Termin für mi, unter anderem beim Urologen.
Und bei dem ist es für einen topfitten Menschen wie i oaner bin, ned angenehm. Do hocken im Wartezimmer lauter ältere Männer! I bin meistens der oanzige, der jung is. Also ned optisch (verdammter Spiegel!), sondern psychisch und gsundheitlich. Und drum passt aa mir der Geruch ned, Sie wissen scho, so toilettär, i mags ned direkt sagen! Und dann unterhalten sich die älteren Männer, über die Bieselfrequenz! „I muass jede Nacht dreimal aufsteh zum Bieseln! An Druck wia a Vulkan und dann tröpferlts a wengerl und des wars dann! Dann leg i mi wieder hi und nach oaner Stund is da gleiche Druck wieder do! I werd no wahnsinnig! Und des dreimal in der Nacht!"
„Bei mir vier- bis fünfmal!", sagt dann a anderer, „mir hamm scho getrennte Schlafzimmer! Ned aus Antipathie, sondern weil mei Frau des nervlich ned aushalt, wenn i dauernd ins Bad renn. Manchmal renn i an den Türstock dro, weil i den Lichtschalter ned find, dann schepperts aa no!"
So einen frustrierenden Schmarrn wenn du dir als pumperlgsunder Mensch anhörn muasst, des zieht dich dermaßen runter! I hab zu meiner Frau gsagt: „Mach koan Termin mehr aus beim Urologen! Do geh i gsund hi und kimm krank hoam! I konn den Schmarrn ned hörn!" Dann sagts: „Wennst ned hörn kannst, dann muasst zum HNO!" Und des find sie dann lustig!
Ansonsten is bei mir alles klar, des mit dem nachlassenden Druck im Mittelteil kann i verkraften. Ok, a kloaner Schwachpunkt is no mei Halswirbelsäule. Des äußert sich dadurch: Wenn es mich abregnet, kann i am naxtn Tag mein Kopf bloß no minimal nach links bewegen. Aber diese minimale Drehfähigkeit is bloß links, weil nach rechts geht gar nix. Macht mir aber nix aus, dann schau i halt an Tag lang gradaus, rechts und links is meistens eh ned viel los.

Und samma ehrlich: Wenn sonst alles passt, is de vorübergehende Unbeweglichkeit vom Kopf koa Problem, oder? Ok, das letzte Mal hat sich in da Eisdiele am Tisch rechts vo mir oane higsetzt mit wunderschöne lange blonde Haare. Und i hab ums Verrecka ned rechts schaun kinna, weils am Vortag grengt ghabt hat. Und i hätts so gern ogschaut. I hab dann unauffällig mein Stuhl draht, dann is mir mei Nussbecher mit Sahne umgfalln. Sofort is d'Bedienung daherkema und hat alles aufgwischt und so gütig wia a Altenpflegerin gsagt „das macht doch nix, setzens Eahna wieder hi!", als waar i a seniler Depp! De mit de langen blonden Haare is dann aufs Klo ganga, owa aufs Herrenklo. Und das war kein Versehen, weil vo vorn wars tatsächlich a Mo – mit Bart! Do hab i dann mein Stuhl wieder zruckdraht.

Owa wia gsagt, i bin beneidenswert fit! Guat, mei Kreiz duat mir insgesamt scho weh. Ned immer, bloß wenn i wach bin. Owa des is ja eine Volkskrankheit, des hat mit dem Alter nix zu tun! Leistungssportler hamm des oft und i war früher aktiver Federballspieler.

Owa sonst passt alles … ok, da Bluatdruck is zu hoch, aber dafür gibts ja Tabletten. Und übrigens: Wenn der Blutdruck zu tief is, des is aa nix! Das führt zu Schwindel! I kenn a Frau, de hod an dermaßen tiefen Blutdruck, dera is dauernd schwindlig, de duat mir voll leid! Mir is zwar aa öfters schwindlig, aber des kimmt nicht vom Bluatdruck, sondern von der Halswirbelsäule, da hob i nämlich a Syndrom!

Aber sonst: Beieinander wie ein Baum! I denk mir oft: „Mensch Toni, sei dankbar, dass du so fit bist! Keinerlei Einschränkungen! Sei dankbar!" Des muassma ab und zu aa würdigen und zu schätzen wissen!

Und i bin tatsächlich fit wie ein Turnschuh! Abgesehen vielleicht vom linken Knie, des knackst immer so, wenn i bergab geh. Aber nur bergab! Bergauf knackst es nicht, da knackst des rechte!

Aber des wars etza wirklich, alles andere is topp in Schuss!

Der Juckreiz in der Nacht, der is ned so schlimm, an den hob i mi gewöhnt. Der stört mi weniger, oft merk i den gar ned, weil des Sodbrennen viel schlimmer is, des übertüncht den Juckreiz.

Aber ned dass Sie moana, i hob jede Nacht Sodbrennen! Des hob i bloß, wenn i am Abend wos Scharfes esse ... oder wos Saures ... oder wos Süßes ... oder wos Fettes ... oder wos Paniertes. Oder wos mit Essig natürlich, da is ganz schlimm! Obwohl, beim Panierten, des stimmt gar ned – do hab i koa Sodbrennen, sondern direkt Magenschmerzen! Aber da gibts ja aa Tabletten – Prantozopol oder so ähnlich hoaßn de. Was? Aaf Paniertes verzichten? Niemals! Verzichten konn i, wenn i alt bin – eventuell!

I hab ja ghört, dass ältere Menschen Sodbrennen kriegen, wenn sie abends Obst essen oder Gemüse. Des is ein sicheres Zeichen, dass i ned alt bin! Aaf Obst und Gemüse kriege ich kein Sodbrennen, sondern Durchfall!

Langer Rede kurzer Sinn: Im Prinzip bin i beschwerdefrei! Des Hühnerauge am rechten Ringzeha stört mi kaum. Eigentlich bloß, wenn i Schuah anhab, oder beim Abtrocknen nach dem Duschen, wenn i mit dem Handtuch des Hühnerauge berühre, dann duats gscheit weh.

Des is aa der Grund dafür, dass i oft einen feuchten rechten Ringzeha hab, weil i trockne ihn lieber ned ab und gegen Fußpilz gibts a Salbe!

Duschen muass i oft, weil die Schwitzerei immer. Man schwitzt eher, wenn man über 40 is. Aber des stört mi weniger, eher die andern! Baden tu i nimmer, weil i kimm mit mein Kreiz dermaßen schlecht aus der Badewanne außa, des is a Wahnsinn! Wos? Ob i koa Halterung hab über da Badewanne?

Ja natürlich! Aber de benutze ich ned, de is ja für ältere Männer! Mei Frau sagt immer: „Für wos hamma denn a Halterung?" Dann sag i: „Die Halterung ist für die Alterung! Drum hoaßts ja H-Alterung! Und alt bin i ned! I dusch und aus! Baden kannst du, wennst magst!"

Vor Kurzem hab i mi erweichen lassen und hab gebadet. Und wie immer, wenn man der Frau folgt: schwerer Fehler!!!

I bin beim freihändigen Aufstehen ausgrutscht und mi hats mit dem Ellbogen auf die sch... Halterung ghaut. Mei Frau hat gsagt: „Etza hast du es! Hättst dich gscheit festgehalten, dann daad dir etza der Arm ned weh!"

I hob gesagt: „Wia kimmst du denn aaf so einen Schmarrn? Mir duat überhaupt nix weh!" Dann bin i in mei Zimmer und hob geweint, weils so weh do hat. Und der blaue Fleck war der Wahnsinn, Tendenz zu dunkellila! Aber durch die Selbstheilungskraft meine jungen Körpers war der Fleck bereits nach drei Monaten hellblau, nach vier Monaten gelblich und nach fünf Monaten weg. I hab dann zu meiner Frau gsagt: „Segstas! I bin no top beinander!" Dass der Ellbogen immer no weh duat, des hab ihr vorsichtshalber ned gsagt! Auf jeden Fall dusch i seitdem bloß no! Soll sie baden, wenns moant!

I bin ja ned nur körperlich total fit, i bin aa von der inneren Einstellung her alles andere als alt!

A Beispiel: Mir hamm Klassentreffen ghabt vor Kurzem. Die Lehrer, de no leben, hamma aa eingeladen. Die gleichen Deppen wie vor 50 Jahren, inklusive mir! Die Mitschüler moan i, ned de Lehrer! Aber de Mitschüler hamm deutlich älter ausgschaut, erschreckend teilweise! Des geht dann so weit, dass es Missverständnisse gibt. I hab zum Beispiel oan gfragt: „Äh, Entschuldigung, in welchem Fach hamma etza Sie wieder gehabt?" Dann sagt der: „I war da Klassensprecher, du Aff!"

Also der hod echt alt ausgschaut, seine Haare warn ned amal mehr grau, sondern weiß! Do hob i genetisch ein Riesenglück! I hob ned oa graues Haar, i bin nämlich plattert, seit i 30 bin!

I hob owa ned bloß frisurmäßig jünger ausgschaut, aa vom Outfit her. I war der Oanzige, der wirklich coole Schuah anghabt hod! Orange Turnschuah mit drei Streifen! Nigelnagelnei! De warn der Wahnsinn! Um 20 Uhr bini aafs Klo ganga und hob geweint, weil i hobs einfach nimmer ausghaltn mit dem Hühnerauge. I hob mi zehn Minuten ohne Schuah aaf de Kloschüssel gsetzt, des war eine Wohltat! Danach hob i durchgehalten bis Mitternacht. Beim Hoamfahrn im Auto hob i dann wieder gflennt.

Owa des wars wert – von meine orangen Turnschuah redens heit no!

Aa digital geh i mit der Zeit! I bin zum Beispiel in Facebook. Owa des wird mir immer unsympathischer und zwar vo de Freundschaftsangebote her! Dauernd wolln do irgendwelche Weiber wos vo mir. Und dann wissens ned, wos sie eigentlich wollen! Vorgestern wieder. Schreibt mir a gwisse Daphne: „Willst du es mir besorgen?"

Ja, wos denn? Soll i eikaffa für sie oder wos? Brauchts a Medizin? Fürs Herz? Weil sie hod fünf Herzerln dazuagschriem! I hob nicht geantwortet, weil wenn de ned woaß, wos sie will, dann konns mi kralln! Bläds Horn! De soll sich selber besorgen, wos sie braucht!

A App hob i aa am Handy, i bin ehrlich voll up to date! Und zwar sagt mir de App immer die aktuelle Pollenlage für Allergiker! Total interessant! Kaum hamm die Haselpollen ogfangt mit dem Fliegen, woaß i scho Bescheid, weils mir mei App sagt. I konn dann meine Freunde warnen, weil von denen san einige gegen Haselpollen allergisch. I sag dann: „Männer, bleibts im Haus, da Hasel is unterwegs!" I konn ruhig mei Haus verlassen, weil i bin Gott sei Dank nicht gegen Hasel allergisch, sonst gegen alles.

Abschließend konn i bloß sagen: I bin topfit, i bin up to date, i bin technisch und outfitmäßig am neiesten Stand! Aa von da Psyche her fühl i mi überhaupt ned alt, i bin einfach guat drauf, immer!

Es sei denn, i schau in an Spiegel!

Noble Geste

Sepp: Und Kare? Wos host gmacht am Wochenende?
Kare: I war beim Feierwehrfest in Grunzing!
Sepp: Aha! Do host du recht, die Feierwehr ghört sich unterstützt! De hamm Jubiläum ghabt, gell?
Kare: Jawoll, 150 Jahre FFW Grunzing! Ein mords ein Fest, des sog i dir! 3000-Mann-Bierzelt, Festzug mit Honorationen, sogar da MdL war do, und dann Fahnenweihe.
Sepp: De hamms ganz schee kracha lassn!
Kare: Aber hallo! Und wos mi gfreit hod: Die Grunzinger Feuerwehrjugend hod in da Festküche gholfen! Des is einfach wos scheens, wenn junge Leit sich ehrenamtlich engagiern!
Sepp: Genau! Aaf jeden Fall besser, als daadns aaf da Straß bicka!
Kare: Aaf jeden Fall! Und als sehr nobel hob i aa empfunden, dass die Feierwehrveteranen mit eingebunden san beim Fest und dass de eine finanzielle Anerkennung kriegen!
Sepp: Inwiefern?
Kare: Im Festzelt san drümmer Tafeln ghängt mit de Preise für Speisen und Getränke. Und do hamms unten in Rot groß hingschrieben: „Für Gründungsmitglieder sämtliche Speisen und Getränke kostenlos!"
Sepp: Hut ab und Respekt!

Lieblingsmotto

Sepp: Des is ein Summa heier, ha? Wia in Italien!
Kare: Genau! Jeden Dog a Traumweda, jeden Dog konnma draußen sitzen bis um zehne! Do brauchst ned in Urlaub fahrn, do host alles dahoam!

Sepp:	Man muass allerdings ned immer dahoam hocka, weil es gibt ja aa Wirtsheiser. I zum Beispiel war gestern im Biergarten!
Kare:	Warum nicht! In welchem?
Sepp:	Beim Kurvenwirt in Frimping.
Kare:	Bis nach Frimping fahrst du? Mir hamm doch aa Biergärten!
Sepp:	Des scho, owa da Kurvenwirt, der hod alle Donnerstag an Mottogrillabend!
Kare:	Wos is nacha des?
Sepp:	Zum Beispiel hod a Motto amal ghoaßn „Bella Italia". Do hods mediterrane Spezialitäten geben, Tintenfisch und des ganze Zeig, wos im Meer umanandaschwimmt, außer Plastiktüten natürlich, super!
Kare:	Des glaub i!
Sepp:	A anders Mal war des Motto „Tokio, Peking, Singapur – und über Indien retour", des war praktisch asiatisch. Des war aa dermaßen guat! Allerdings hob i zwischendurch a Soß dawischt, de war so scharf, dass i erst nach vier Radler nimmer gschwitzt hob!
Kare:	Des hamms drauf, de Asiaten! Do wo du scho innerlich brennst, do lacht da Inder no!
Sepp:	Des stimmt! Owa scharf is guat für d'Verdauung!
Kare:	Drum sans ja so dürr!
Sepp:	Ja eben! Vor drei Wochen war dann des Motto „Hurra hurra, die USA"! Ein Wahnsinn, i sogsda: Spareribs, Steaks, Burger, Maiskolben und 12 verschiedene Saucen! Weil da Ami mogs, wenn sei Essen tropft! Owa geschmacklich „eins a"!
Kare:	*Lacht:* Da Ami und seine Saucen! Unseroaner verfeinert a Steak mit einer Sauce, da Ami ertränkts!
Sepp:	Do schwimmt alles! Ja, und gestern war i wia gsagt wieder beim Kurvenwirt!
Kare:	Wos war nacha gestern für a Motto?

Sepp: Mei absolutes Lieblingsmotto!
Kare: Ebba bayerisch?
Sepp: Ned direkt. Es hod ghoaßn „All you can eat"!

Wieder was gelernt

Sepp: Do schau hi, Kare, d'Kinder hamm Wandertag!
Kare: Hamms Glück mitm Weda heit! Mei, des war immer schee, wennma Wandertag ghabt hamm damals! Der Lehrer hod immer gsagt: „Kinder, morgen gehts in Wald und Flur, wir erkunden die Natur!"
Sepp: Genau, des hod unser Lehrer aa immer gsagt!
Kare: Koa Wunder, mir san ja in die gleiche Klass ganga!
Sepp: Genau! Und dann hods immer ghoaßn: Wir entdecken die heimische Flora und Fauna! Und do hamma fei einiges glernt! Wia a Schafgarbe ausschaut, dass a Schlehe bitter is, dass a Brennnessel brennt, dass a Ringelnatter ned giftig is und und und, also aso a Schulausflug war ned bloß schee, sondern aa lehrreich!
Kare: Aaf jeden Fall! I hob in da dritten Klass aa wos glernt: Wenns 32 Grad im Schatten hod, dann is ungünstig, wennma im Rucksack a Tafel Schokolad als Proviant dabei hod!

Arme Beduinen

Kare: Ja Sepp! In dera Hitz trinkst du an hoaßn Tee? Spinnst du?

Sepp: I spinn ned! I orientier mi an einem Naturvolk, das es wissen muss!

Kare: Hä?

Sepp: Schau dir doch de Beduinen o! De leben in der Wüste und trinken bei 45 Grad plus einen hoaßn Tee! Warum wohl?!

Kare: Weils koan Kühlschrank hamm fürs Bier!

Falsches Timing

Sepp: Kare, wos schaust denn so trübsinnig?

Kare: Weil mir klar worden is, dass i im Leben allaweil a falsches Timing ghabt hob.

Sepp: A falsches Timing? Wos redst denn do daher?

Kare: I hob am Samstag im Lotto oan Oanser ghabt und drei Zweier!

Sepp: Jamei, warum solls dir anders geh wie mir! Owa wos hod etza des mit Timing zum dua?

Kare: Weil in da Schul, do waar i um jeden Oanser oder Zweier froh gwesn! Owa do hob i jede Menge Fünfer und Sechser ghabt. De waarn etz im Lotto recht!

Rudi, Stammtischmitglied im Gasthaus zum Wirt, vermietet nebenberuflich Ferienwohnungen und hat seinen Urlauber Jens aus dem Raum Essen zum Dämmerschoppen mitgebracht, damit dieser auch einmal einen Eindruck bekommt von der bayerischen Wirtshauskultur. Doch Jens entpuppt sich als

Der Tüpferlscheisser

Rudi: Griaß eich Männer! Des is da Jens vom Ruhrgebiet! Der is mit Frau und zwoa Kinder bei mir in da Ferienwohnung. I hobna mitgnumma, dass er amal a bissl auskimmt vo da Familie!

Jens: Grüß Gott zusammen! Rudi hat gesagt: „Kiem mit, kaafmar uns a Moass beim Wimperer! Lustiger Name übrigens: Wimperer!"

Rudi: Des is ja bloß da Hausnam'! In echt hoaßt er Castelotti!

Jens: Achso!

Jens wird mit allgemeinem Kopfnicken begrüßt, ansonsten aber ignoriert, jedoch im Sinne der bayerischen Weltoffenheit geduldet. Man widmet sich anschließend wichtigen Themen wie zum Beispiel dem Wetter.

Kare: Heier geht allaweil da böhmische Wind!

Jens: Wie bitte?

Rudi: Kare meint, dass heuer immer der böhmische Wind geht!

Jens: *Belehrend:* Naja, eigentlich GEHT ja der Wind nicht, sondern wahrscheinlich WEHT er! Und eigentlich weht er sicher nicht IMMER, sondern wahrscheinlich weht er nur OFT. Und eigentlich hat der Wind keine Nationalität, sondern eine Himmelsrichtung. Wahrscheinlich meint er den Ostwind!

Kare: *Leise zu Sepp:* Eigentlich hörtse der Preiß o wia a gscheida Mo, owa wahrscheinlich is er a Depp!

Eigentlich sollte man es grundsätzlich nicht eilig haben, weil Stress für die Nerven nicht gut ist und Pickel hervorrufen kann. Aber manchmal lässt es sich halt nicht vermeiden – plötzlich hat man es eilig! Warum? Weil man von Leuten, die zu viel Zeit und zu wenig Hirn haben, aufgehalten wird. Die Zeit, die vorher noch reichlich vorhanden war, wird knapper und knapper.

Das ist mir unlängst passiert, und zwar im Supermarkt. Eigentlich hätte die Zeit leicht gereicht, um nach der Arbeit noch rechtzeitig zu Fuß zur nahen Autowerkstatt zu gehen und mein Auto vor 18 Uhr abzuholen. Aber ich hatte plötzlich einen regelrechten Heißhunger auf Bratheringe zum Abendessen und die wollte ich noch schnell besorgen. Der Supermarkt lag günstig auf dem Weg zur Werkstatt und frohen Mutes betrat ich ihn, um die gebratenen Heringe zu kaufen. Doch dann traf ich in der Abteilung „Frisch & Fisch" einen flüchtigen Bekannten. Er heißt anders, aber ich nenne ihn hier Kurt, damit sich niemand diskriminiert fühlt. Als ich ihn leider traf, war es

17 Uhr 28

Kurt:	Ja, da Done! Habedere Done!
Ich:	Äh, servus …
Kurt:	Kurt!
Ich:	No freilich, Kurt! I kenn di scho, i war bloß momentan vertieft, weil i suach Bratheringe!
Kurt:	Kaffst ebba Brothaaren?
Ich:	Jaja! I hob zwar eigentlich gar koa Zeit zum Einkaffa, weil i muass um sechse *(ich sehe demonstrativ auf meine Armbanduhr)* in da Autowerkstatt sei!
Kurt:	Host an Unfall baut?
Ich:	Naa naa, is bloß a Defekt an da Klimaanlage.
Kurt:	*Geschockt:* In dera Hitz?
Ich:	Ja mei. Es gibt Schlimmeres!
Kurt:	Do host aa wieder recht! Wennst schaust, wos los is aaf dera Welt, dann is a Klimaanlage Pipifax, Peanuts quasi!

	Und mei Großvoda gottselig, der hod immer gsagt: „Liaba dastickt als wia dafrorn!" Der war in Stalingrad, dem macht koaner wos vor!
Ich:	A geh? *Vertiefe mich niederkniend in das Fischsortiment, um Kurt loszuwerden.*
Kurt:	Isst du den Brothaaren blank oder isst du wos dazua?
Ich:	Äh ..., normal mit Kartoffeln!
Kurt:	Erdäpfel?
Ich:	Ja genau.
Kurt:	Jawoll! I aa! Da Brothaaren und da Oadopfl sind ein gutes Gespann!
Ich:	Haha! Genau!
Kurt:	Brat oder Salz?
Ich:	*Immer noch vor den Fischkonserven kniend:* Wos?
Kurt:	Isst du Bratkartoffeln oder Salzkartoffeln?
Ich:	Mei, des is mir eigentlich wurscht!
Kurt:	Also i iss liaba Salzkartoffeln, de san ned so fett.
Ich:	Ja genau.
Kurt:	Aaf da andern Seitn: Gsund is des viele Salz aa ned! Da Winsler Fred ..., kennst den Winsler Fred?

Ich bin vertieft in das Heringsangebot und antworte nicht.

Kurt:	Done!
Ich:	Äh, ja?
Kurt:	Kennstn?
Ich:	Wen?
Kurt:	Den Winsler Fred!
Ich:	*Zerstreut:* Winsler Fred? Naa, den kenn i ned!
Kurt:	*Lacht.* Des is halt typisch Lauerer Done! Bei dir reimts immer alles: Winsler Fred – kenn i ned. Wias dir no immer eifallt! I hör di öfters im Radio, sehr lustig! Manchmal aa a Schmarrn, owa meistens sehr lustig! Wias dir bloß immer eifallt!
Ich:	*Verlegen:* Mei! Du, i miassert wirklich weida, i soll um sechse, woaßt scho ... ich deute erneut auf meine Arm-

	banduhr. De sperrn um sechse zua! I brauch mei Auto moang!
Kurt:	Scho klar, scho klar! Dann erzähl i dir des vom Winsler Fred a anders Mal.
Ich:	Genau! *Vertiefe mich wieder in das Heringssortiment.*
Kurt:	Weil woaßt, da Fred, der hod ja immer alles radikal gsalzn, alles! Du, i sogs dir: brutal! I hob des no nie erlebt, dass da Fred im Wirtshaus wos bstellt hod, des er dann ned nachgsalzn hod! Sei Spitznam war ja dann „Salzer"! Koa Wunder mit dera ständigen Salzerei!
Ich:	A geh!
Kurt:	Wennes dir sog! Und wos is das Ende vom Lied? Etza hodsna am Herz! Etza muass er Tablettn nehmna und hod praktisch Salzverbot! Des hod er davo, da Salzer!
Ich:	Wahnsinn!
Kurt:	Do könntma sagen: Etza hod eam da Doktor d'Suppn gscheit versalzen! Des is a Wortspiel, verstehst?
Ich:	Haha! Stark!
Kurt:	Owa schreib fei ned glei a Gschicht drüber! Weil bei dir muassma allerweil Obacht geben, weil du schreibst glei a Gschicht drüber! A Hundling bist scho, Done! *Schüttelt amüsiert den Kopf.* Du und deine Gschichtn! Ganz normal bist du ned!
Ich:	Haha! Naa, koa Angst, i schreib nix drüber! Und i muass etza wirklich … *deute wieder auf meine Uhr.*
Kurt:	Ja natürlich! Lass di ned aufhalten, Done! Und an guadn mit deine Brothaaren, gell! *Geht.*
Ich:	Ja, danke dir!
Kurt:	*Dreht sich nochmal um.* Machst etza Salzkartoffeln oder Bratkartoffeln?
Ich:	Wahrscheinlich blank, bloß kocha und abschäln.
Kurt:	Do sagt da Preiß „Pellkartoffel" dazua!
Ich:	Genau, Pellkartoffel!

Es ist 17 Uhr 40, ich schnappe mir eine Büchse mit Bratheringen und begebe mich im Laufschritt zur Kasse. Gottlob ist nur eine Kundin in

Form einer älteren Dame vor mir und erfreulicherweise hat sie nur drei Artikel auf dem Laufband, und zwar eine Seife, ein Glas Honig und einen Wirsing.

Frau:	*Zur Kassiererin:* Dawirfinfautgutauf!
Ich:	*Denke laut:* Oweh, de konn ned Deitsch!
Frau:	I konn fo Deitf! I hob blof meine Tfähne dahoam vogeffen: Etfa dua i mi a weng hart mitm reden! Der Wirfing faut guat auf, wollt i fagen!
Ich:	Omei, entschuldigens bitte, des hob i ned gwusst! I bin bloß sehr in Eile, wissens! I muass um sechse in da Autowerkstatt sei und es is scho viertel vor! *Ich deute schon wieder auf meine Armbanduhr.*
Frau:	Jaja, d'Feit vergeht! Aber i hobf glei! Fräulein, wos bin i fuldig?
Kasse:	Genau sieben Euro, Frau Gmeindner!
Frau:	Fau her, haargenau fieben Euro, afo a Pfufall! I pfahl heit amal mit da Karte, weil def wollt i fo lang amal aufprobiern!
Kasse:	Bitte stecken Sie die Karte ein!
Frau:	*Steckt etwas holprig die Karte ein, da sie offenbar den dafür vorgesehenen Schlitz nicht gleich findet.* Fo, drin waarf! Etfa muaf i dann de Nummer eintippen, oder?
Kasse:	Moment bitte, die Karte konnte noch nicht gelesen werden!
Frau:	*Dreht sich zu mir.* Dauert no a biffl! Owa glei hammaf! *Trotz Bemühens wird mangels Zähnen aus jedem S ein F.* Etfa, Fräulein?
Kasse:	Nein, leider nicht. Die Karte kann nicht gelesen werden. Ist sie eventuell abgelaufen?
Frau:	Niemalf, de if ganf nei! I hobs erft vor vier Wochen kriagt vo da Raiffeifenbank! *Zieht die Karte wieder heraus und hält sie mir hin.* Kanntn Fie amal faun? I hob mei Brille ned dabei.
Ich:	*Denke:* Mensch Meier, d'Brilln hods aa vergessn! Do muassma ja direkt froh sei, dass ihren Kopf dabei hod!

141

Sage:	No freilich! Schauma amal, wos do los is mit dera Karte! Hammas ja scho: De is vo da AOK!
Frau:	Ned von da Raiffeifen?
Ich:	Naa, von da AOK!
Frau:	Glaubftas, bin i ein Schuffel! Hob i de falfe Kartn dawift. Daanfef her bitte, dann kriagnf de richtige! *Steckt die AOK-Karte in die Geldbörse und holt die richtige heraus, die sie unbeholfen in den Schlitz steckt. Zur Kassiererin:* Pafft de etza? Hoffentlich!
Kasse:	Kleinen Moment … Jawohl, die passt! Jetzt bitte die Geheimzahl eingeben!
Frau:	*Zu mir:* Daadn Fie ebba bitte die Geheimpfahl eingeben? 1-4-0-6!
Ich:	*Erschrocken:* Sagens des halt ned so laut! Ned dass jemand Eahna de Kartn klaut und dann Eahna Konto plündert!
Frau:	*Sieht sich um.* If ja koaner do!
Ich:	Man kann nie wissen! Verbrecher san überall! *Ich sehe auf meine Uhr, es ist 17 Uhr 51.* Sie, i miassert wirklich dringend furt! Tätens mi bitte vorlassen, i hob bloß Bratheringe!
Kasse:	Des geht aber jetzt nicht, weil das Kartenlesegerät ist noch blockiert!
Ich:	Des is doch wurscht, i zahl bar!
Kasse:	*Sieht auf ihr Display.* Und außerdem ist das die falsche Pin-Nummer!
Frau:	*Zu mir:* Hammfef ebba falf eingeben?
Ich:	*Langsam wechselt mein seelischer Zustand von nervös zu grantig.* I hob nix falsch eingeben! I hob 1406 eingeben!
Frau:	Ja genau! Mei Hanf is am 14. Juli gstorm.
Ich:	Des waar owa dann da 14.07., also 1407! Da Juli is da siebte Monat, ned da sechste!
Frau:	Do hamm etfa Fie wieder recht! Dann hob i mi vertan! Gebenf bitte Einf Vier Null Fieben ein! Dann miafferst paffen!
Ich:	In Gottes Namen! *Ich gebe 1407 ein.*

Kasse:	*Nach Blick auf das Display:* Das ist auch die falsche Nummer!
Frau:	*Zu mir:* Fie miaffn Eahna beffer konfentriern!
Ich:	I konn aa nix dafür, wenn 1407 scho wieder ned stimmt!
Frau:	*Energisch:* I werd doch wiffen, wann mei Hanf gftorm if! Def war am 14. Juli!
Kasse:	Aber 1407 war wirklich falsch!
Ich:	Hammses ghört? 1407 war falsch! Bitte denkens nach! I muass weg, dringend! Mei Auto!
Frau:	Auto? *Denkt kurz nach.* Auto, genau! Def if ja de Fparkaffen-Pin-Nummer, mein Hanf fei Fterbedatum! Bei da Raiffeifen hob i ja de Autonummer vo mein Fohn als Pin! 6261! No freilich! Mei, bin i bläd! 6261 if de richtige Nummer! Natürlich! Eventuell aa 6162, owa eher 6261! Probiernfes bitte!
Ich:	Naa, des duat mir echt leid, i muass weg! *Zur Kassiererin:* De Bratheringe lass i liegen! Viel Spaß no beim Pin-Nummern-Raten!

Ich verlasse den Supermarkt und begebe mich zur 300 Meter entfernten Autowerkstatt. Sie ist geschlossen. Ich gehe zu Fuß heim, meine Frau hat ein Abendessen vorbereitet, es gibt Bratheringe.

Der erste Kuss

Sepp:	Schauts hi, Männer, do geht d'Gisela!
Rudi:	Na und? Lass geh!
Sepp:	*Schwärmerisch:* Ob ihr des glaubts oder ned: Von da Gisela hob i mein ersten Kuss kriagt!
Kare:	Ohne Schmarrn?
Sepp:	Ohne Schmarrn!
Rudi:	Und? Wia wars?

Sepp: Mei, nix Bsonders wars ned, mir warn ja erst 12 Jahr alt! Do hamma beim Ribler Ralf Kindergeburtstag gfeiert. Und i hob des Wienerwürschtlwettessen gwunna und dann hods ghoaßn, da Sieger derf an Deandl seiner Wahl a Busserl gem. Und d'Gisela is grad in da Nähe gstandn, hob i mir denkt: „Is ja wurscht, nimm i de, dann hobes hinter mir!" War owa bloß a ganz a flüchtiger Kuss aaf d'Backe. Und sie is aa glei geflüchtet, vorher hods no „pfui Deifl" gsagt! Direkt erotisch wars eigentlich ned.

Rudi: Dann host owa eigentlich koan Kuss kriagt, sondern du host ihr oan geben!

Sepp: Is doch wurscht – Kuss is Kuss!

Kare: Mei erster Kuss war erst mit 16!

Sepp: Oläck, du host dir owa Zeit lassen!

Kare: Jamei, hod sich nix ergeben vorher!

Sepp: Und? Wia wars?

Kare: Keine Ahnung, i war bsuffa! I woaß aa nimmer, WERS war! Mir hamms bloß am naxtn Dog erzählt, dass i mit oaner gschmust hob, bevor mir schlecht worden is.

Sepp: Armselig! Rudi, und du? Dei erster Kuss?

Rudi: Des war deutlich früher! I war fünf oder sechs Johr alt.

Kare: Ehrlich? So friah scho?

Rudi: Jawoll! Und es war a feuchter Kuss und es war sogar a Zunge im Spiel!

Sepp: Gehgeh, verarsch uns ned! Feucht und Zunge im Spiel mit fünf Johrn! Des glaubst doch selber ned!

Rudi: I schwörs! Und i war ned da Küsser, sondern da Geküsste!

Sepp: Wer hod nacha di geküsst?

Rudi: Da Dackel vo da Tante Irma!

Heutzutage wird jede(r) und alles analysiert: Wer macht wann, wo und wie lange Urlaub? Was isst und trinkt er da und welche Wanderkleidung trägt er? Wer wählt welche Partei und warum wählen viele gar nicht? Wer kauft wann, was, wo und wie teuer ein? Wie oft ist man sexuell aktiv und wo? Wer sieht wann mit wem fern und was schaut er sich an?

Und auf diese Analysen wird dann die Werbung ausgerichtet. Und zwar die in den sozialen und asozialen Medien, in der Zeitung, im Rundfunk und natürlich auch im Fernseher. Und ich, der ich der Generation angehöre, die mit Flipper, Bonanza, dem Bastian und der Bezaubernden Jeannie (in die war ich verliebt, es war aber eine sehr einseitige Beziehung) aufgewachsen ist, sehe heute noch gern fern.

Aber eine Stunde des Tages bzw. des Abends fürchte ich inzwischen, denn die Werbung, die zu dieser Stunde ausgestrahlt wird, führt bei mir zu unangenehmen Gefühlen wie Verwirrung, Übelkeit, Scham, Ekel und anderen. Offenbar wurde in Analysen festgestellt, dass in dieser Stunde eher die ältere Generation an den TV-Apparaten sitzt – und ich! Für mich sind diese 60 Minuten

Die Stunde des Horrors

Es ist 18 Uhr, sechse aaf d'Nacht, wie wir in Bayern sagen. Die Arbeit ist getan oder auch nicht und ich freue mich auf einen entspannten Feierabend. Dieser sieht im Idealfall so aus:
Ich sitze allein auf der Wohnzimmercouch, vor mir auf dem Tisch stehen zwei Teller und eine Halbe Bier. Auf einem Teller befinden sich Tomatenscheiben, Gurkenscheiben und Essiggurken, auf dem anderen eine Wurst- und Käseauswahl. Weder Vegetarisches noch Fettreduziertes („Light" auf Deutsch) ist dabei! Falls ich alleine bin, mit sehr aromatischem Backsteinkäse, falls meine Frau anwesend ist, ohne. Die drei nahrhaften B (Brot, Breze, Butter) sind obligatorisch und bräuchten nicht extra erwähnt zu werden. Der Fernseher ist an, im ZDF kommt gleich SOKO Stuttgart, Hamburg, Wismar, Köln, München oder Wien, und während ich

gleich die spannende Sendung verfolge und rätsle, wer der Mörder oder die Mörderin ist, fülle ich meinen Körper mit den erwähnten guten Sachen.

So weit, so ideal, aber: Vor langer Zeit haben unbekannte Sadisten die Werbung erfunden! Und besonders perfide Quälgeister gestalten die Werbung im TV zwischen 18 und 19 Uhr.

Beweis gefällig? Gerne, hier mein Tatsachenbericht, an dem kein Wort erfunden ist! Sie können sich gerne im Wohnzimmer (in Ihrem, nicht in meinem!) selber überzeugen. Also, der Horror beginnt:

Es ist 18 Uhr, ich sitze im Jogginganzug, der zwei Nummern zu groß ist (dann schmeckt das Essen viel besser!), auf der Couch, die Mainzelmännchen machen einen Gag, über den ich wie immer nicht lachen kann, dann beginnt die Werbung.

Man startet relativ human mit einer älteren, aber sehr aparten Frau, die im sportlichen roten Outfit auf einem Radl sitzt und erfreut berichtet, dass ihr nicht mehr schwindlig ist, seit sie Vertigodingsbumms zu sich nimmt. Früher, als ihr noch ständig damisch war, konnte sie praktisch nichts mitmachen, aber jetzt sind sogar längere Radtouren kein Problem. Ich vergönne es ihr und wünsche ihr allzeit gute und schwindelfreie Fahrt.

Zu Risiken und Nebenwirkungen des Schwindelverhütungsmittels sagt sie nichts, da soll man den Arzt oder Apotheker fragen. Ich frage ihn nicht, weil ich kann gottlob (noch) ohne Pulverln oder Sonstiges Radl fahren.

Inzwischen habe ich eine dicke Scheibe Brot mit Butter und Mettwurst (tolle Kombination, kann ich nur empfehlen, wahre Gourmets legen noch reichlich Zwiebelscheiben oben drauf, Extremfeinschmecker auch noch Knoblauch!) bestrichen und will gerade herzhaft hineinbeißen, da schockt mich plötzlich eine relativ attraktive Frauenrunde im mittleren Alter, die über – ich glaube, ich höre nicht recht – Scheidentrockenheit diskutiert! Einfach so, ohne jegliche Vorwarnung, öffentlich, im Fernsehen! Während ich Brotzeit mache!

Begeistert berichten die ehemals Ausgedörrten, dass die Trockenheit nach Anwendung einer Salbe wie weggeblasen war und sogar

die längst verschollene und nicht mehr erwartete sexuelle Lust wiederkehrte. Freut mich für die Mädels, ehrlich! Vor allem für eure Männer! Aber ich will das definitiv nicht wissen! Schon gar nicht mit einem Butter-Mettwurst-Brot in der Hand. Ich zögere mit dem Hineinbeißen.
Natürlich kommt zufällig meine Frau ins Wohnzimmer, hört das Wort „sexuell" und fragt vorwurfsvoll: „Was schaust denn du dir wieder an? Immer wenn ich nicht da bin, guckst du so ein Zeug! Pfui!" Bevor ich mich rechtfertigen kann, schüttelt sie den Kopf und geht wieder. Wahrscheinlich hält sie mich für leicht pervers, zumindest für einen verkappten Spanner. Mir doch egal! Vagidingsbumms heißt die Feuchtigkeitscreme für untere bzw. mittlere Bereiche, zu Risiken und Nebenwirkungen blablabla.
Ich nehme vorsichtshalber einen Schluck Bier gegen meine chronische Halstrockenheit und hoffe, dass bald der Krimi beginnt. Tut er nicht, im Gegenteil!
Nach den mit einem Laubbläser hantierenden unlustigen Mainzelmännchen betritt ein ca. 55-jähriger Mann den Bildschirm. Nur mit einer seltsam aufgeplusterten schwarzen Unterhose bekleidet faselt er etwas von nächtlichem Harndrang und spontanem, nicht kontrollierbarem Urinabgang. Er ist damit das krasse Gegenteil der trockenen Damen, die mir soeben den Appetit versaut haben. Doch mit dieser saugfähigen Bumpel mit integrierter Einlage im Schritt ist er auf der sicheren Seite. Auch bei den Frauen ist er wieder lockerer und damit leistungsfähiger, weil er keine Angst mehr haben muss, dass sie verdächtige Flecken an seiner Leibeswäsche erblicken, wenn es zum Äußersten kommt. Wobei ich mir vorstellen könnte, dass die Frauen Reißaus nehmen, wenn er in einem romantischen Moment die Überhose zu Boden gleiten lässt und dieses unsägliche Dessous freigelegt wird. Lieber würde ich gar keine Unterhose anziehen als so eine! Risiken und Nebenwirkungen gibt es bei der saugfähigen Hose keine, höchstens das Risiko, ausgelacht zu werden!
Ich habe immer noch keinen Bissen von meiner Brotzeit im Magen, da mich diese Werbung für die Generation 50 plus x komplett in ihren abschreckenden Bann gezogen hat.

Nach den Körperflüssigkeiten stehen jetzt die Körpergase auf dem Programm: Eine adrette alterslose Frau, ich schätze sie zwischen 30 und 60, sitzt in schwarzer Trainingshose und grünem Shirt auf einer Matte und vollführt bemerkenswerte sportliche Verrenkungen. Man merkt, dass sie das oft und schon lange macht, denn sie hat eine Topfigur!
Doch früher musste sie Yoga und Gymnastik immer ganz alleine daheim ausüben, und das auch nur, wenn der Gatte nicht im Hause war. Warum? Weil ihr beim Bücken, beim Spreizen der Beine und auch einfach so des Öfteren teils akustisch wahrnehmbare, teils in aller Stille, Blähungen entwichen. Jetzt, da sie die wunderbaren Gasverhinderungstabletten entdeckt hat, kann sie ungehemmt Verrenkungen aller Art auch in Gesellschaft vollziehen. Ein völlig neues Lebensgefühl durchströmt sie und nicht mehr die Gärprodukte ihrer Nahrung!
Während sie dies dezent geschminkt mit charmantem Lächeln in die Kamera spricht, setzt sich ihr dankbarer Gatte neben sie auf die stylische Couch und gibt ihr einen zarten Kuss auf die Wange. Er freut sich, wieder durchatmen zu können.
Den krönenden Abschluss aber bildet der gemeinsame hässliche Hund, der auch auf die Couch springt und dann – Vorsicht, Supergag – furzt. Diese nette Geste von Fiffi belohnen Herr- und Frauchen mit einem gütigen Lächeln. Übrigens: Zu Risiken und … blablabla.
Ehrlich gesagt wäre ich jetzt sehr dankbar, wenn endlich der Krimi beginnen würde und ich mit Appetit Brotzeit machen könnte. Und wenn schon weitere Werbung, dann bitte für Bier oder Schokoriegel, notfalls auch Waschpulver.
Doch weit gefehlt! Denn jetzt hat der Schutzpatron der Schwerhörigen, Thomas Gottschalk, seinen Einsatz, aktiv und blond wie eh und je!
Er springt mit einem Fallschirm und im Outfit eines Engadiner Bergretters aus einem Flugzeug, dass einem Hören und Sehen vergeht. Obwohl, Hören nicht, denn er macht ja Werbung für Hörgeräte! Natürlich nur für die einer bestimmten Marke, denn mit all dem anderen Glump könnte man niemals so locker Fall-

schirmspringen. Wobei sich mir nicht erschließt, was der Absprung aus 2000 Meter Höhe mit dem Hörvermögen zu tun hat, aber ich bin ja auch keine Werbeagentur und viel dümmer als ein Creative Director!
Kaum ist der lebensfrohe und dank dezentem Knopf im Ohr gottlob wieder gut hörende Franke aus Hollywood nach unten verschwunden, geht es im nächsten Werbespot nicht bergab, sondern bergauf – und zwar mit einem Treppenlift!
Folgende traurige Szene muss ich erblicken: Ein Opa wie aus dem Bilderbuch steht hilflos am unteren Ende einer wunderschönen Holztreppe und kann nicht hinauf, weil die schweren Beine nicht so wollen wie er. Offenbar befindet sich oben sein Stüberl (das Oberstüberl praktisch), die Toilette oder seine Frau, weil er gar so traurig schaut. Voller Mitleid sehen die um ihn stehenden Angehörigen seine Verzweiflung, doch schon naht das Ende des langen Daseins in der unteren Etage! Denn die Kinder, Schwiegerkinder und Enkel haben eine fantastische Idee!
Szenenwechsel: Das Haus verfügt nun über einen Treppenlift, hurra! Opa thront entspannt und dankbar lachend auf dem dazugehörigen Sitz und fährt gerade in einer sanften Kurve und mit dezentem Summen des Liftmotors nach oben, um sein Schwindelmedikament zu holen oder aufs Klo zu gehen.
Da bin ich beruhigt, aber ich würde jetzt trotzdem mal gerne eine Werbung sehen, die sich nicht an mich als älteren Herren richtet, oder noch besser: den Krimi!
Aber die Kaufanreize für Senioren gehen weiter – jetzt ist die Vergesslichkeit an der Reihe.
Ein grauhaariger Mann im gutsitzenden Freizeitlook kommt vom Einkaufen nach Hause, eine vollgepackte Papiertüte (um Gottes willen kein Plastik!) auf den Tisch stellend. Seine gütige und liebevolle Gattin blickt ihn erwartungsfroh an. Ich denke, sie freut sich auf frische Erdbeeren oder einen Fleischsalat, doch nein: Sie fragt, ob er das Tebonochwas mit dem unschlagbaren Vitamin B 12 mitgebracht hat. Er spielt den Doofen und sagt mit schuldbewusster Miene: „Oh, das habe ich vergessen!" Doch sie hat vollstes Verständnis für den offensichtlich leicht Verwirrten und

sagt kindgerecht zu ihm: „Das macht doch nichts!" Jetzt schlägt seine große Stunde: „Natürlich habe ich es NICHT vergessen!", beruhigt er sie lächelnd. Beide freuen sich, weil sein Schuldeingeständnis nur ein Gag war und sie weiterhin gemeinsam Anti-Vergesslichkeits-Bonbons lutschen können.

Ich freue mich auch, denn endlich ziehen zwei Mainzelmänner ein Transparent mit der Aufschrift „ENDE" über den Bildschirm und mein Krimi beginnt.

Da betritt meine Frau das Wohnzimmer und fragt mich, ob ich, wie es mir aufgetragen wurde, aus dem Supermarkt das Klopapier und die Spülmaschinentabs mitgebracht habe. „Oh, das habe ich vergessen!", antworte ich mit treuem Blick.

„Schon wieder!", sagt sie, „heute ist Donnerstag! Und seit Montag sage ich es dir täglich und immer vergisst du es!"

Und das ist leider kein Gag!

Im Geisterhaus

Kare: Irgendwie schaust heit a wenig komisch, Sepp! Is wos?
Sepp: Leiser als sonst und bedrückt: I woaß aa ned, ob wos is … i hob des Gefühl, bei mir dahoam stimmt wos ned.
Kare: *Erschrocken:* Is wos mit da Hildegard?
Sepp: Des is eben des, wos i ned woaß – entweder is d'Hildegard oder es is a Geist! Irgendwos is.
Kare: Wos? Spinnst etza? A Geist? Wos für a Geist? Um wos gehts denn überhaupt?
Sepp: Es geht um des, dass bei uns Gegenstände verschwinden und woanders wieder erscheinen.
Kare: *Völlig verständnislos:* Häää?
Sepp: Ja, wennes dir sog! Und wos des Unheimliche an der Sach is: Nur Gegenstände, de mir ghörn! Von da Hildegard verschwind nix, bloß vo mir! Irgendwos is do im Gange, wos Seltsams! I woaß bloß ned, wos.
Kare: Sag amal, wos redst denn du für an Schmarrn daher? I versteh des ned, sag amal a Beispiel!
Sepp: Zum Beispiel mei Handy. Des leg i allerweil in da Diele auf die Kommode, dasses sofort find, wenn i es suach.
Kare: Logisch!
Sepp: Gell, des sagst du aa, aber: Gestern wollt i dir a Wozzsepp schreim, ob du heit Zeit host aaf a Holbe – i geh außi in d'Diele, kein Handy weit und breit! Null, niente! I sog zu meiner Gattin: „Hildegard, wo hast du mein Handy scho wieder hinglegt? I muass dem Sepp schreiben!" Sagt sie: „I? Mi interessiert doch dei Handy ned! Des wird halt durt sei, wo es allaweil is, auf da Kommode!" „Eben nicht!", hob i gsagt, „eben nicht! Sunst daad i di ja ned fragen! Moanst du, i bin bläd oder wos?" Oder Kare, sunst daad i sie ja ned fragen, oder?
Kare: Eben! Is doch klar! Und wo wars, dei Handy?
Sepp: I hob des ganze Haus durchsucht! Erst normal, dann generalstabsmäßig: Schlafzimmer, Wohnzimmer, Klo, Bad, Keller, Mikrowelle, sogar den Arzneischrank – nix! I

	waar bald durchdraht! Ohne Handy bist in da heutigen Zeit a glatter Depp!
Kare:	Des gibts doch ned, irgendwo muass ja des Handy sei!
Sepp:	Ja eben! Dann hob i mir denkt: Letzte Chance is des Auto, vielleicht is im Auto! Rein theoretisch besteht ja die Möglichkeit, dass i des Handy im Auto liegen lassen hab, rein theoretisch. Wahrscheinlichkeit maximal 1 Prozent, weil normal lass i des nie im Auto, weil sunst liegts ja ned auf da Kommode, sondern im Auto.
Kare:	Ja eben, im Auto hilfts ja nix, wennst du ned drin sitzt!
Sepp:	Genau! So, etz pass auf: I will den Autoschlüssel vom Schlüsselbrett owadua – is der aa weg!
Kare:	Des gibts doch ned! Wo war nacha der? Also i häng mein Autoschlüssel immer an unser Schlüsselbrett! Alle Schlüssel eigentlich.
Sepp:	I doch aa, des is doch klar! Wo soll i denn den sunst hihänga, dafür hod man ja a Schlüsselbrett! Owa der war nicht dran, definitv nicht! I hob sofort gsagt zur Hildegard: „Wos willst etza du mit mein Autoschlüssel? Duana her, i muass mei Handy suacha im Auto, weil im Haus is ned!" Dann sagts rotzfrech: „Spinnst etza komplett? I? Dein Autoschlüssel? Wos daad etza i mit dein Autoschlüssel? I hobna ned!" Dann sog i: „Du MUSST eam aber haben! Weil er hängt ned am Schlüsselbrett und i hobna aa ned, also bleibst bloß no du, weil sunst wohnt in dem Haus koaner!" Du, de hod des abgestritten bis aafs Bluat, wia a bockiges Kind direkt!
Kare:	Wahnsinn! Und, wo war er?
Sepp:	Etz pass aaf, es geht no weida! Und es wird immer unheimlicher! I denk mir: „Hilft alles nix, i muass den Autoschlüssel suacha!" Weil spätestens morgen in da Friah brauch i des Auto, sunst konn i ja ned in d'Arbeit fahrn.
Kare:	Ja eben! Zu Fuß waar a Schmarrn, des san ja guat 700 Meter!

Sepp:	800! Do waar i ja bei Arbeitsbeginn scho durchgschwitzt und fix und foxi! Und stell dir vor, es daad renga – dann daad i nass werden aa no!
Kare:	Aus waars!
Sepp:	Und drum hob I den Autoschlüssel gsuacht. Und dass I eam leichter find, wollt i mei Brilln aufsetzen.
Kare:	Des is sehr vernünftig, weil dann segst besser. In unserem Alter braucht jeder Zwoate a Brille!
Sepp:	I glaub sogar jeder Dritte! Aaf jeden Fall mach i den Schub aaf im Wohnzimmerschrank, wo mei Brille IMMER drinliegt: keine Brille nicht!
Kare:	Des is ja da Wahnsinn, des is ja da totale Wahnsinn! Alle lebenswichtigen Dinge weg – Handy, Autoschlüssel, Brille, des gibts doch ned! Ja, und dann?
Sepp:	I hob dann in aller Ruhe zur Hildegard gsagt: „Frau", hob i gsagt, „liebe Hildegard! Wenns a Gag war mit dem Handy und dem Autoschlüssel und dera Brille – ok! A Gaudi muass ab und zu sein, das belebt die Ehe! Owa etza ist es gut! Wo is denn mei Brilln, sag es mir bitte sofort, sunst werd i wirklich grantig!"
Kare:	Genau, amal muass Schluß sei mit lustig! Wo hods nacha die Brilln versteckt ghabt, des Luada? Versteh mi ned falsch, owa sie konn scho a Luada sei! *Grinst.* Hods dann gestanden?
Sepp:	Von wegen! Sie is direkt patzig worden und hod gsagt: „Etza lass mir endlich mei Ruah! I muass Fenster putzen und konn mi ned dauernd mit dein Glump beschäftigen, des du verschlampt host! I hob dei Handy ned und dein Autoschlüssel und dei Brilln aa ned! Verleg ned dauernd alles, dann findstas wieder!"
Kare:	Unverschämtheit! Anstatt dass di moralisch aufbaut, pfeifts di zamm wia an Schulbuam!
Sepp:	Ja, und nachgeäfft hods mi aa no! „Belebt die Ehe", hods gsagt, „so ein Blädsinn! Dua dei Zeig hi, wo es highört! Und etza lass mi in Ruhe Fenster putzen, weil de putzen sich ned vo selber! Du wirst immer seltsamer! Be-

	lebt die Ehe!" Und dann hods den Kopf gschüttelt, als war i bläd oder so.
Kare:	Also nix gegen dei Frau, owa de feine englische Art is des fei ned grad. Dem Gatten, der ja theoretisch der Herr im Haus is ...
Sepp:	*Zerknirscht:* Theoretisch! De Zeiten san in der Praxis vorbei!
Kare:	Bei mir aa. Is ja wurscht, owa trotzdem! Dem Gatten die lebenswichtigsten Dinge mutwillig verstecka und dann no bläd daherreden!
Sepp:	Genau! Schee, dass du des aa aso segst! I hob mir dann denkt: „Leck mich doch alles am Ding, dann mog i aa nimmer! Dann mach i Brotzeit und aus!"
Kare:	Brotzeit is nie verkehrt, do kimmtma aaf andere Gedanken, beim Essen! Und a Holbe Bier dazua, dann segtma nimmer alles so eng, aa die Gattin! Man wird zwar miad, aber insgesamt toleranter.
Sepp:	Genau! Und etza pass aaf, etza wirds richtig krass! I will mir aus dem Kühlschrank eine Scheibe Leberkaas außadua, mach die Kühlschranktür aaf, schau eine – i hob mir denkt, mi trifft da Schlag!
Kare:	War koa Leberkaas mehr do?
Sepp:	Dochdoch! Owa im Kühlschrank, direkt neba da Tupperware, wo d'Wurscht drin is, liegt mei Handy!
Kare:	Des gibts doch ned! Im Kühlschrank! Wer legt denn a Handy in den Kühlschrank?
Sepp:	Ja, i wars ned, niemals!
Kare:	Dann wars DOCH d'Hildegard! Und sie gibts ned zua!
Sepp:	Oder sie woaß es nimmer! Sie hod ja aa scho a gwisses Alter! Vielleicht hods grad an wos anders denkt und hod ganz abwesend des Handy in den Kühlschrank glegt! Sowos kimmt vor. Do sagtma Multitasking dazua, des hob i glesn.
Kare:	Aso wirds gwesen sei! Natürlich! Frauen san öfters zerstreut!

Sepp: Owa es geht no weida, und es wird langsam bedenklich! I zoag da Hildegard des Handy und sog zu ihr: „Wo glaubst, wo des war? Denk amal scharf nach! Stichwort Tupperware!" Sagt sie: „Wahrscheinlich da, wo du es higlegt host!"

Kare: Keine Einsicht in ihre Zerstreutheit!

Sepp: Null! So, dann mach i Brotzeit, bleibt mir aso a Bröckerl vom Radieserl zwischen de Zähn hänga! I mach den Schrank aaf in da Küch, wo de Zahnstocher drin san und de Plastikbeidl fürs Gmias – liegt do mei Brilln drin!

Kare: Des is ja verruckt! Wieso hods denn de do eineglegt?

Sepp: Sie sagt, sie war des auf keinen Fall, weil sie mei Brilln sowieso nie anglangt! Sie behauptet, des war i, weil i gestern a halberts Gockerl gessn hob und danach brauch i immer an Zahnstocher und do hob i dann vermutlich mei Brilln owado und do eineglegt.

Kare: Und? Stimmt des?

Sepp: Natürlich ned! Wieso solltert i mei Brilln do einelegn? I spinn doch ned! Ich vermute, es war aso: Sie hod wieder gmoant, dass mei Brilln zu dreckig is und hods putzt und hods dann in ihrer Zerstreutheit in den Schrank glegt. Wia gsagt, sie hod scho a gwisses Alter, des lasst ned aus!

Kare: Do duatsma fei direkt a weng leid! Sie war doch immer so wief und so aktiv! Sogar Nordic Walking hods gmacht! Und etza machts so wirre Sachen! De arme Hildegard!

Sepp: Gell! Und etza zum Thema Autoschlüssel!

Kare: Hods den aa verlegt?

Sepp: Bei dem wars am krassesten! Sie sagt, i soll de Kompostschüssel aus da Küche in d'Garage außetragen und de Küchenabfälle in d'Biotonne schmeißen! Geh i in d'Garage und schau rein zufällig in mei Auto – steckt da Schlüssel!

Kare: Geh hör aaf! Etza red koan Schmarrn!

Sepp: I schwörs dir! Steckt der Autoschlüssel im Zündschloss drin! I hob mir denkt, i fall vom Glauben ab!

Kare: Ja, war des aa d'Hildegard?

Sepp: Ja, wer denn sunst? I vielleicht? I doch ned!

Kare: Etza muass i scho dumm fragen: Wieso soll denn d'Hildegard den Autoschlüssel vom Schlüsselbrett owadua, dann in d'Garage außegeh und den Schlüssel ins Zündschloss stecka und dann wieder einegeh? Des ergibt doch koan Sinn!

Sepp: Eben! Drum mach i mir ja direkt Sorgen, dass de geistig auslasst!

Kare: Ja, es könnt doch aa aso gwesn sei, dass du von da Arbeit hoamkema bist und host den Schlüssel stecken lassen. Des könnt doch aa sei, oder?

Sepp: Rein theoretisch scho, owa praktisch ned! Wia hätt i denn ins Haus einekema solln ohne Schlüssel? Weil an mein Autoschlüssel hängt ja da Haustürschlüssel aa dran!

Kare: Vielleicht war d'Haustür eh offen.

Sepp: *Denkt kurz nach.* Stimmt, de war tatsächlich offen! Weil d'Hildegard hod d'Diele putzt ghabt und offen lassen, dass a bissl a Luftzg durchziagt, dass eher trocken wird!

Kare: Segstas! Dann host eventuell du den Schlüssel stecka lassen!

Sepp: *Verärgert:* Niemals! Des is bei mir direkt a Reflex: Motor abstelln, Schlüssel rausziagn, aussteigen, Garagentor zuamacha, Haustür aufsperrn, einegeh, Schlüssel hinhänga! Des lafft ab wia a Uhrwerk, do bleibt nix stecka!

Kare: Des mog scho sei. Owa i konn einfach ned glauben, dass d'Hildegard dein Autoschlüssel ins Zündschloss steckt und dann wieder ins Haus einegeht.

Sepp: Vielleicht wollts wegfahrn und hod dann vergessen, wohin und is ohne Schlüssel wieder ins Haus. Wia gsagt, sie hod ja aa scho a gwisses Alter!

Kare: Ja scho, owa d'Hildegard hod doch selber a Auto. Wieso solls dann mit dein Auto fahrn?

Sepp: Des stimmt! De is eigentlich no nie mit mein Auto gfahrn ... hm ... *grübelt.*

Kare: Also, wenn du des Handy ned verlegt host und de Brilln und den Autoschlüssel ...

Sepp: *Laut und bestimmt:* Habe ich nicht!!!

Kare: Dann habts wahrscheinlich tatsächlich an Geist im Haus!

Sepp: Des is de logischste Erklärung! Verdammte Geister! De ghörn sich vernichtet, de Hundskrippeln, weils alles durcheinander bringen! Und drum bstell i etza an Himbeergeist!

Kare: Genau! Und den vernichtma dann! Und falls einen Zwetschgengeist hamm, den vorsichtshalber aa no!

Ich glaube, das ändert sich nie, egal wie alt ich bin oder werde: Immer, wenn ich Schulkinder sehe, denke ich spontan an meine eigene Schulzeit zurück! Und da bin ich scheinbar nicht allein. Dem Sepp ergeht es nämlich genau so. Er denkt im folgenden Gespräch, das er mit seinem Kumpel Kare im Straßencafé führt, allerdings nicht an den Schulbetrieb an sich, sondern an die Folgen, die sich daraus für ihn ergeben haben. Unter anderem eine sehr

Dürftige Belohnung

Kare: Do schau hi, wia sich die Schulkinder gfrein! Jamei, is ja koa Wunder: letzter Schultag!

Sepp: Ja eben! Wenn des koa Grund is zum Gfrein! Sechs Wochen Ferien!

Kare: Und des Zeugnis hamms aa kriagt heit! Hoffma, dass guat ausgfalln is!

Sepp: Genau! I druck allen die Daumen! I konn mi no ganz genau erinnern an mei eigene Schulzeit! I bin immer glei hoam und auffe zu mein Opa in sei Austragsstüberl und hob eam mei Zeugnis zoagt! Weil mei Opa, der hod mir versprochen, dass i für jeden Einser eine D-Mark kriag und für jeden Zweier a Fuchzgerl!

Kare: Des san halt Opas! Und hod er sei Versprechen gehalten?

Sepp: Selbstverständlich! Der hod mir des Geld immer gegeben und i hob mir dann wos kauft davo!

Kare: Und wos host dir nacha kauft?

Sepp: Mei, wosma halt um a Fuchzgerl kriagt!

Kare: Host du bloß oan Zweier ghabt im ganzen Zeugnis?

Sepp: Ja, in Leibeserziehung!

Toni Laurer: **Möchten'S ned probiern?**
Lustige Schmankerl
3. Auflage 2022, 160 Seiten, Format 13,5 x 20,5 cm,
Hardcover, ISBN 978-3-95587-410-0, Preis: 16,90 €

Toni Laurer: **G'fallt ma!**
Lustige Geschichten
2. Auflage 2022, 160 Seiten, Format 13,5 x 20,5 cm,
Hardcover, ISBN 978-3-95587-409-4, Preis: 16,90 €

Toni Laurer: **Blumen, Bulli, Bumskopfsemmel**
Geschichten aus den wilden Siebzigern
1. Auflage 2022, 160 Seiten, Format 13,5 x 20,5 cm,
Hardcover, ISBN 978-3-95587-413-1, Preis: 16,90 €
Auch als Hörbuch-CD erhältlich!

Toni Laurer: **Gestern beim Unterwirt**
Wirtshausg'schichten aus Bayern
1. Auflage 2020, 160 Seiten, Format 13,5 x 20,5 cm,
Hardcover, ISBN 978-3-86646-390-5, Preis: 14,90 €
Auch als Hörbuch-CD erhältlich!

Battenberg Bayerland Verlag GmbH
Pfälzer Straße 11 · 93128 Regenstauf
Tel. 0 94 02 / 93 37-0
E-Mail: info@battenberg-bayerland.de

Alle Jahre zwider
Vergnügliche Weihnachtsgeschichten
1. Auflage 2024, 160 Seiten, Format 13,5 x 20,5 cm,
Hardcover, ISBN 978-3-95587-438-4, Preis: 16,90 €
Auch als Hörbuch-CD erhältlich!

A scheene Bescherung
Neue Geschichten zur Weihnachtszeit
2. Auflage 2025, 160 Seiten, Format 13,5 x 20,5 cm,
Hardcover, ISBN 978-3-95587-442-1, Preis: 16,90 €
Auch als Hörbuch-CD erhältlich!

Toni Lauerer
Die schönsten Grimms Märchen auf Bairisch
mit Illustrationen von Heidi Eichner
2. Auflage 2024, 136 Seiten, Format 17 x 24 cm,
Hardcover, ISBN 978-3-95587-830-6, Preis: 19,90 €
Auch als Hörbuch-CD erhältlich!

Hubertus Hinse & Toni Lauerer
Glaubn mechst es ja ned
Sagen aus der Oberpfalz
3. Auflage 2025, 152 Seiten, Format 13,5 x 20,5 cm,
Hardcover, ISBN 978-3-95587-444-5, Preis: 16,90 €
Auch als Hörbuch-CD erhältlich!

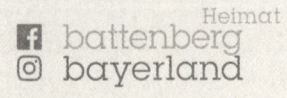

Battenberg Bayerland Verlag GmbH
Pfälzer Straße 11 · 93128 Regenstauf
Tel. 0 94 02 / 93 37-0
E-Mail: info@battenberg-bayerland.de